A alma
e o *self*

PAUL K. FEHRENBACH

A alma e o *self*

Paralelos entre crescimento espiritual e crescimento psicológico

TRADUÇÃO
Sandra Garcia Custódio

Edições Loyola

Título original:
Soul and self — Parallels between spiritual and psychological growth
© 2006 by Paul K. Fehrenbach
Paulist Press – 997 Macarthur Boulevard
Mahwah, New Jersey 07430
ISBN 0-8091-4423-9

Preparação: Maurício Balthazar Leal
Projeto Gráfico: Maurélio Barbosa
Capa: Mauro C. Naxara
Revisão: Iranildo Bezerra Lopes

Edições Loyola
Rua 1822, 347 – Ipiranga
04216-000 São Paulo, SP
Caixa Postal 42.335 – 04218-970 São Paulo, SP
T 55 11 2914 1922
F 55 11 2063 4275
editorial@loyola.com.br
vendas@loyola.com.br
www.loyola.com.br

ISBN 978-85-15-03640-0

Dedicado, com profunda gratidão,
aos meus pais,
Elaine Hansen Fehrenbach e
Gerald J. Fehrenbach,
e à minha mulher,
Donna Bergs Fehrenbach.

Este livro é para
nossos filhos,
Jim e Anne,
e para nossos netos,
Carolina, Connor e Preston.

"Tenho de achar tempo, tenho de repartir as horas,
para ocupar-me com a salvação da minha alma."
AGOSTINHO
Confissões

sumário

Prefácio

Este é um livro sobre desenvolvimento psicológico e espiritual no homem. Não é um livro sobre como tornar-se "bem-sucedido" ou ser uma "pessoa melhor". Mais especificamente, ele tem a ver com as questões que residem no coração dos homens. Como podemos encontrar e manter vitalidade e significado em nossa vida à medida que amadurecemos num mundo agitado? Que papéis podemos desempenhar na família e na comunidade como um todo que nos permitirão contribuir para o bem-estar dos outros enquanto permanecemos atentos a nosso próprio crescimento pessoal?

Acredito que o crescimento psicológico e o crescimento espiritual saudáveis cooperam entre si. O crescimento psicológico promove o crescimento espiritual, e o crescimento espiritual enriquece a vida psicológica. Contudo, é melhor não fazer uma separação artificial dessas duas dimensões do ser humano, já que os aspectos psicológicos e espirituais da caminhada humana não são antitéticos, mas complementares entre si.

No âmago do desenvolvimento humano encontra-se o que alguns psicólogos chamam de *self*, o si-mesmo, que escritores espirituais chamam de "alma". Tanto a psicologia como a religião veem esse núcleo como uma rica fonte de direção e renovação para nossa vida. Este livro preocupa-se em identificar e atender à voz da alma à medida que ela se manifesta em diferentes contextos ao longo de toda a vida. Cada época de desenvolvimento oferece oportunidades para reconhecer a presença da alma. Para muitos homens, o período de desenvolvimento da meia-idade parece oferecer circunstâncias especiais que estimulam a atitude reflexiva necessária para esse processo começar. Se seguirmos o caminho iluminado por esse guia interior, estaremos mais propensos a antecipar conflitos e reconhecer oportunidades para viver uma vida que seja verdadeira para nós e útil para os outros.

Meu modelo básico para descrever a dimensão psicológica do desenvolvimento saudável é um homem que chamarei de "Charlie". Charlie tinha cerca de 42 anos quando veio falar comigo pela primeira vez. Mantivemos uma relação terapêutica por vários anos. Durante esse tempo, ele deparou com alguns problemas comuns a muitos homens durante a fase de desenvolvimento da meia-idade. Embora ele os tenha resolvido a sua maneira, os passos que teve de dar nos proporcionam um exemplo prático de como retificar nossos erros e criar uma vida mais significativa. Charlie nos mostra como um homem pode aprender a ouvir a voz de sua alma e encontrar ricas oportunidades de amadurecer na meia-idade.

Meu modelo primordial para descrever a dimensão espiritual desse processo foi tirado da vida de um homem chamado Agostinho. Trata-se do bispo católico que viveu numa região no norte da África atualmente conhecida como Argélia entre os anos 354 e 430. Aos 43 anos, ele escreveu um livro por ele chamado de ***Confissões***. Foi uma das primeiras autobiografias escritas e permanece um clássico consagrado pelo tempo.

Minha introdução a Agostinho se deu em 1966, quando eu era voluntário do Peace Corps[1], recém-chegado a uma pequena aldeia na Tunísia, país vizinho da Argélia. Nessa época, o Peace Corps provia os voluntários

---

1. Peace Corps: ONG americana fundada em 1961 por iniciativa do ex-presidente americano Jonh Kennedy, tem por objetivo promover a paz mundial e a amizade mediante um corpo de paz qualificado para trabalhar no exterior e que queira servir, em duras condições se necessário, para ajudar as pessoas desses países a satisfazer suas necessidades. (N. da T.)

de lugares distantes com uma caixa de papelão de tamanho razoável chamada de "compartimento de livros". Quando você abria a caixa, ela se tornava uma estante de livros pronta com cerca de cem brochuras colocadas ordenadamente em seis prateleiras embutidas. Além disso, os livros estavam em ordem alfabética. No canto superior esquerdo da prateleira estavam as *Confissões* de Agostinho, no canto inferior direito um romance do escritor francês Émile Zola. A ordem simples dessa pequena caixa atraiu-me especialmente, uma vez que eu começava a me adaptar a minha confusa nova cidade natal. Já que iria morar naquele mesmo lugar pelos próximos dois anos, decidi começar pela letra A e ler pouco a pouco toda a coleção. Foi assim meu primeiro contato com Agostinho.

Quando comecei a ler as *Confissões*, também estava começando meu trabalho como professor na escola local. Os meninos e meninas de minhas aulas eram a primeira geração a sentar naquelas fileiras de carteiras. Eles eram alunos entusiasmados e animados, que pareciam ver qualquer confinamento à sala de aula como um impedimento para seu aprendizado. O Agostinho que eu estava encontrando nas *Confissões* crescera no mesmo tipo de escola, num povoado como o meu, que não era tão distante. À medida que ele descrevia sua infância na escola, eu podia imaginá-lo facilmente como o tipo de aluno brincalhão, travesso que eu encontrava todos os dias em minha própria classe.

Mais tarde no livro, quando Agostinho cresce e se torna ele mesmo professor, pude me identificar com ele. À medida que ele descrevia seu crescimento e seus embates em assuntos espirituais, eu ficava impressionado como ele apresentava claramente as questões que eu estava enfrentando em minha vida. Nos últimos quarenta anos, continuei a ler as *Confissões*. Apesar dos séculos que separam nossas vidas, o que ele teve de dizer permaneceu muito útil para mim. Vou transmitir algumas de minhas reflexões sobre os paralelos entre o desenvolvimento psicológico e o espiritual que surgiram de um diálogo de toda uma vida com esse homem.

A pessoa que inspirou a estrutura psicológica para este trabalho foi alguém que encontrei em setembro de 1972. Eu tinha acabado de concluir meu PhD e estava começando meu primeiro emprego como psicólogo num centro de saúde mental localizado em Durham, na Carolina do Norte. No consultório ao lado do meu, também recém-chegada, havia uma psiquiatra chamada Kathleen Stewart. Kathleen encontrava-se nos últimos anos de uma longa e eminente carreira passada principalmente na Califórnia com um dos respeitados pilares de nossa profissão, Erik Erikson. Ela tinha vindo para esse pequeno centro de saúde mental para dar dois anos de seu trabalho ao que ela gostava de chamar de seu "Peace Corps Service". Apesar de nossa diferença de idade e de experiência, que devia totalizar quarenta anos, logo descobrimos o quanto também tínhamos em comum. Eu passava várias horas com Kathleen, observando seu trabalho e aprendendo o que eu podia de seu vasto reservatório de sabedoria e conhecimento clínicos. Ela não foi apenas minha professora, mas minha querida amiga até morrer em 1975.

Frequentemente Kathleen falava da profunda admiração que sentia por seu professor, Erik Erikson. Ela adorava me contar histórias sobre as experiências e ideias que eles tinham partilhado ao longo de anos. Um dia ela me contou que, das recompensas que ela tinha tido o privilégio de receber durante sua carreira profissional, ela se sentira mais honrada ao ser mencionada por Erikson numa nota de rodapé à página 198 de seu livro ***Insight and responsibility*** [Discernimento e responsabilidade]. No texto da nota de rodapé, Erikson descreve a noção clássica de Freud de "censor" e como ele opera na psique para evitar ou corrigir lembranças e sentimentos desagradáveis quando eles emergem na consciência. Ele então cita a sugestão de Kathleen de que, se há um "censor", então deve haver também um "protetor" (***sponsor***). Se o censor pode inibir, o protetor deve funcionar como promotor do aparecimento da vida no mundo interior.

A noção de Kathleen Stewart da importância do protetor para o crescimento psicológico acompanhou-me por toda a minha carreira. Passei a acreditar que cada um de nós conta com a presença facilitadora de protetores em nossa vida. Protetores, assim como censores, aparecem inicialmente no mundo exterior como pessoas com que deparamos. Em seguida, essas pessoas são levadas para nosso mundo interior por meio da repetição de nossas experiências ou da lembrança delas. Elas são preservadas em nossa memória, apoiando e facilitando nosso crescimento futuro.

A primeira vez que notei isso foi com a própria Kathleen. Enquanto a observava com seus pacientes, eu constatava como ela era capaz de extrair uma tão variada gama de lembranças e sentimentos anteriormente interditados simplesmente com sua presença quieta e acolhedora. Ela mesma era a encarnação do que teria chamado de protetor, ou seja, um dinamizador cuja vitalidade interior tocava e promovia o surgimento da vida nos outros. Também pude sentir o efeito de sua quieta influência em minha vida. Na verdade, muito de minha identidade como jovem psicólogo começou a emergir na presença compassiva de Kathleen Stewart. Ela permaneceu comigo durante toda a minha longa carreira.

Tenho ouvido homens e mulheres descreverem suas vidas em psicoterapias por mais de trinta anos. Alguns relatam grande sentido de vitalidade e significado, enquanto outros sentem-se como que "esmagados" ou "apagados" pelo que fazem e até pelo que são. Um grupo não pode ser distinguido do outro com base em sinais exteriores como educação, renda ou lista de realizações. Com o tempo, percebi que essa diferença é devida ao fato de o *locus* de avaliação da vida mudar na meia-idade. Ele gradualmente deixa de usar medidas de realizações exteriores e passa a usar um ponto de referência mais interior. O sentido pessoal de vitalidade e significado torna-se cada vez mais dependente da atenção à voz interior da alma.

O ponto central deste livro é o processo pelo qual os homens podem aprender a reconhecer a presença de sua alma. Traçarei esse processo mediante uma série de estágios. A vantagem de descrever o crescimento por estágios é que se divide algo muito complexo numa série de pequenas partes. Essa abordagem traz benefícios, mas também cria um problema em potencial. Teorias que utilizam estágios podem dar a falsa impressão de que a vida é ordenada e avança de modo previsível. Na realidade, o caminho do desenvolvimento humano não é linear nem é crescimento que se sustente permanentemente. A qualquer momento podemos estar em qualquer estágio, e sustentar nosso progresso requer esforço constante. Levar isso em conta ajuda-nos a apreciar melhor o limitado mas útil papel dos estágios no entendimento do complexo processo do desenvolvimento humano.

A seguir apresento algumas ideias que acredito serem centrais para a promoção do crescimento psicológico e espiritual do adulto saudável. Para começar, convém concentrar nossa atenção na vida interior do ***self*** ou da "alma", que tanto a psicologia como a religião partilham como interesse comum. Será a alma que nos proverá com o guia de que precisamos para dar significado e direção a nossa vida. Identificar sua presença se torna mais fácil se começamos por reconhecer as pessoas que têm sido seus censores e protetores no curso de nossa história. O desenvolvimento psicoespiritual saudável pode ser caracterizado pela capacidade de aprendermos a alimentar aquela força vital em nós e nos outros, de modo que possamos transmitir a herança vital de nossa boa influência a toda pessoa que agora depende de nossos cuidados. Começaremos a exploração de como esse processo acontece pelo exame dos modos como o desenvolvimento se desdobra durante a meia-idade da vida de um homem.

Introdução

Encontramos a alma quando moderamos as atividades e prestamos atenção nela

Vários anos atrás, um homem de 42 anos procurou-me para fazer psicoterapia. Charlie era proprietário de um pequeno negócio bem-sucedido que descrevia uma longa história de infelicidade com seu trabalho. Havia pouco ele tinha sofrido uma série de perdas significativas. Dois anos antes, seu pai tinha morrido depois de três anos de luta contra o câncer. Então a mulher com quem ele vinha planejando se casar disse-lhe que não queria mais continuar o relacionamento. Susan disse estar cansada dos hábitos de trabalho dele e de sua indisponibilidade emocional.

Charlie estava atordoado e parecia à beira de um colapso emocional. Ele perdera sua primeira mulher por causa desses mesmos problemas. A morte de seu pai deixara-o com um manancial de tristeza que ainda o levava ao desespero. Quando Susan terminou o relacionamento, ele se descreveu emocionalmente de "coração partido".

E mais: Charlie percebeu que não podia mais recorrer ao trabalho. Apesar de seu sucesso, ele vinha sentindo ainda menos satisfação no cumprimento dos detalhes cotidianos da administração do negócio. Quando estava na faculdade, ele queria ser professor de inglês, mas acabou cedendo às pressões do pai para cuidar dos negócios da família no ramo varejista de alimentos. O que dera a Charlie um pouco de significado e satisfação ao longo dos anos tinha sido o tempo passado no armazém com seu pai e o dinheiro conseguido para manter uma vida confortável para sua família. Seu divórcio e a morte de seu pai eliminaram as principais razões para continuar naquela vida. A partida de Susan acabou com a esperança de começar uma vida nova. Charlie não só se sentia desgostoso com seu passado, mas bastante confuso quanto a seu futuro. Ele sentia que estava numa encruzilhada em sua vida.

Do ponto de vista da psicologia, a dor e a confusão costumeiras de Charlie podem ser mais bem entendidas se vistas de uma perspectiva mais ampla, que remonta a tempos antigos em sua vida. À medida que esse homem explorava a dor que sentia por perdas que remetiam a seu divórcio, ele começava a reconhecer uma perda anterior da qual ele nunca se dera conta. Em retrospectiva, ele sentia que tinha começado a sair de seu caminho quando abandonara seus sonhos de se tornar professor por razões que tinham mais a ver com as pressões familiares e menos com os desejos de seu coração. Posteriormente, após ter se casado com Joyce e de terem tido dois filhos, ele construiu tanto seu casamento como sua vida familiar baseado numa falsa premissa, a saber, de que ele devia arranjar sua rotina diária unicamente tomando conta deles financeiramente, em vez de concentrar-se no tempo que ele poderia passar junto deles em convivência.

Quando os embates que Charlie estava travando são vistos no contexto de toda a sua vida adulta, eles são consistentes com padrões que psicólogos contemporâneos associam com o período do desenvolvimento masculino da meia-idade. Examinar tais problemas dessa perspectiva de desenvolvimento pode nos ajudar a ver algumas experiências que podemos ter em comum com Charlie e talvez nos estimule a enfrentar alguns desses mesmos desafios em nossa vida.

Inicialmente vamos considerar o *timing*, ou seja, o tempo certo de cada coisa acontecer. O fato de Charlie ter vivido esses problemas aos 40 anos não os qualifica automaticamente como problemas da meia-idade. A idade cronológica, por si mesma, é um indicador inadequado da transição para a meia-idade. O processo da meia-idade inclui-se na extensa definição de uma ocorrência de desenvolvimento porque acontece aproximadamente numa faixa determinada de idade. Na cultura americana, por exemplo, a maioria dos homens que identifica a transição para a meia-idade diz chegar a ela entre os 38 e os 60 anos. O problema óbvio, contudo, com tamanha extensão de tempo é que isso torna o reconhecimento da ocorrência de qualquer transição de um indivíduo para a meia-idade uma tarefa muito difícil se a idade é usada como único indicador.

A identificação da transição para a meia-idade complica-se posteriormente pelo equívoco popular de que o processo invariavelmente acarreta algum tipo de "crise". Na verdade, *a crise da meia-idade* tornou-se uma expressão comum usada para descrever a maioria das perturbações vividas nesse período. Esse erro aumenta a confusão porque leva alguns homens a minimizar a importância daquilo por que estão realmente passando, pois não conseguem identificar nada em sua experiência que seja dramático o suficiente para ser qualificado de crise. Outros erroneamente supõem que algum evento principal ocorrido durante esse período deva ter sido sua crise de meia-idade simplesmente porque ocorreu nessa época. Mesmo uma crise que acontece durante a meia-idade não é sinônimo de uma transição de desenvolvimento para a meia-idade. Supor isso e então dispensar as manifestações mais sutis da experiência real pode privar alguns homens de se beneficiarem de um processo potencialmente rico em seu desenvolvimento.

Uma vez dito isso, também é importante examinar o porquê dessa popular ligação de *meia-idade* com *crise*. Talvez uma razão seja porque essa transição no desenvolvimento é algumas vezes precipitada por um evento crucial. Durante os anos de meia-idade, muitos homens são confrontados com um grande desafio de vida, como a perda do companheiro ou do emprego, uma doença séria, um filho que deixa a casa ou a morte de um dos pais. A primeira reação a tais eventos importantes da vida é geralmente fazer os ajustes que parecem necessários. No entanto, quando se trata de lidar com perdas significativas como as de família, saúde ou meio de vida, não há muitas coisas que podem ser "resolvidas" simplesmente fazendo algumas acomodações práticas no despertar da crise.

Mais cedo ou mais tarde, após a vida ter se estabilizado, muitos homens passam por uma segunda fase de adaptação que é muito menos visível.

Eles se veem arrastados para dentro, para um mundo psicológico dentro deles mesmos que não é prático nem racional nem necessariamente hospitaleiro. Como disse o poeta Emily Dickinson, "depois de uma grande dor, vem um sentimento formal". Esse "sentimento formal" é o passo seguinte no estado que arrasta emocionalmente para dentro precipitado pelo evento original estressante. Desse modo, a crise por si só não é sinônimo de processo de desenvolvimento da meia-idade, mas é geralmente o prenúncio dele. A verdadeira transição para a meia-idade começa nessa segunda fase, mais interior.

Em seu âmago, a transição para a meia-idade é um processo interno, e por conseguinte pode ser identificada se se presta atenção ao que está acontecendo no mundo interior da pessoa que está passando por isso. Ela pode ser entendida como um estado da mente com características únicas. Antes de mais nada, em certo ponto na meia-idade, começa a ficar incrivelmente claro que haverá limites definidos a qualquer coisa que se tenha esperado alcançar no decorrer de uma vida. Segundo, há uma nova percepção do tempo que inclui algum conhecimento pessoal da morte. Essa percepção da morte pode estar diretamente conectada a um evento doloroso, especialmente se envolver uma perda, como numa doença, o declínio de uma função ou a morte de alguém importante. Contudo, ela pode ser provocada pela ocorrência de um aniversário de década, como a chegada aos 40, 50 ou 60 anos. Seja qual for o fator precipitante, muitos homens descrevem uma transição mental de ver sua vida do ponto de vista de anos vividos para uma nova perspectiva que se concentra mais no número de anos que restam.

Estes dois aspectos — reconhecimento dos limites das realizações e consciência da morte — combinam para levantar questões sobre o significado e o propósito do tempo que ainda resta. Essas questões estão embutidas no próximo passo do familiar processo que geralmente surge em certo ponto da meia-idade: a tarefa de rever a vida, "fazer um inventário" dela e constatar como foi conduzida até então. Isso não é necessariamente uma experiência desagradável nem sistemática ou detalhada. Seja qual for a extensão do processo, em sua maioria os homens terminam por sentir a confirmação de que sua vida tomou um curso razoavelmente satisfatório ao longo dos anos e eles estão contentes. Outros podem optar por permanecer no mesmo caminho, fazendo apenas pequenas modificações. Um número bem menor de homens, contudo, chega à conclusão de que precisam de algumas mudanças amplas em seu trabalho ou em sua vida conjugal, e de que resta pouco tempo para isso. Os homens que chegam a essas conclusões desafiadoras são frequentemente os que mencionam os níveis de depressão ou ansiedade que associamos ao termo popular *crise da meia-idade*.

A idade do início da transição para a meia-idade era tão imprevisível para Charlie quanto o é para a maioria dos homens. Sua idade assim como o *timing* de sua mais recente perda dolorosa eram certamente sinais exteriores importantes. No entanto, não eram suficientes por si sós. O elemento-chave adicional tinha a ver com seu estado mental. À medida que ele gastava mais tempo examinando sua vida até então, ele chegava à dolorosa conclusão de que estava no caminho errado tanto em seu trabalho como em sua vida amorosa. Além disso, se ele escolhesse fazer qualquer mudança de curso, restava pouco tempo para as correções necessárias.

Se tivesse começado a terapia pelo menos dez anos antes, Charlie provavelmente teria abordado a situação de uma perspectiva diferente. Muito provavelmente, teria se concentrado mais em lembrar e ordenar os acontecimentos externos. Seu primeiro interesse na meia-idade, contudo, estava muito mais centrado em suas respostas internas aos acontecimentos externos. Ele estava tentando entender o que aquelas experiências significavam para ele. Consequentemente, estava menos preocupado com o modo como poderia criar uma carreira de mais sucesso e lucrativa nos anos que se seguiriam. Também estava menos inclinado a continuar a abordar sua vida como se não houvesse nada a não ser uma série de problemas a ser resolvidos e metas a ser alcançadas.

A nova atitude de Charlie começou a emergir depois na terapia quando ele passou a conceber sua vida inteira como uma "caminhada" composta de experiências a ser compreendidas. Essa nova perspectiva levou-o a fazer a si mesmo uma série de perguntas muito diferentes, que tinham mais a ver com o significado e o propósito de sua história pessoal. Os assuntos que subsequentemente afloraram não o tinham incomodado de uma forma tão contundente desde que era um adolescente. Na verdade, questões sobre a identidade e a direção na vida que são examinadas por muitos homens na meia-idade têm a ver com assuntos inacabados de sua adolescência e dos anos iniciais de adulto.

Conforme prosseguia em sua caminhada interior, Charlie viu-se impelido à frente por algo que parecia repousar sob todo aquele caos aparente e oferecer uma possibilidade de esperança. Ele vivenciou isso como algo entrelaçado em toda a confusão e toda a dor, estendendo-se além do sofrimento e oferecendo um potencial para a cura.

O próximo passo de Charlie era uma transição importante na exploração de seu mundo interior. Ele alcançou um discernimento psicológico fundamental que estaria na base de tudo o que estava para se seguir. O que ele fez foi identificar e nomear algo que vivenciou como um tipo de núcleo dentro dele mesmo, um ponto de referência ao redor do qual ele deveria começar a organizar seu caos interior. Esse núcleo era mais do que uma âncora impessoal. Ele o descreveu como uma presença viva em sua psique capaz de fornecer-lhe a força e a direção de que ele precisaria para agir depois nesse confuso processo. Posteriormente, Charlie deu um nome a essa experiência humana comum de uma fonte vital de renovação que existe dentro da mente. O nome que ele escolheu veio de sua antiga educação religiosa como católico. Ele chamou essa presença central dentro dele de "alma".

O primeiro passo em nossa caminhada interior: reconhecimento da alma

Alguns psicólogos hoje usam o termo *self* para descrever nossa experiência humana comum de ter um centro único dentro de nós que identificamos como nosso "eu" verdadeiro. Experimentamos esse *self* como o centro vital de nosso mundo interior. Ele nos permite compreender que somos mais do que nossos comportamentos; que nós não apenas *fazemos* a vida, nós a *experimentamos*. O *self* também nos dá nosso senso de coerência e integração ao longo do tempo. Assim, acreditamos que, apesar de tantas mudanças exteriores, "Eu sou a mesma pessoa que eu era quando criança". Esse centro vital pode nos prover de um senso de compreensão e visão de nosso futuro. O *self* dá "um mapa" para nossa vida; ele é capaz de dotar acontecimentos passados de significado e possibilidades futuras de propósitos. Ele empreende esse trabalho de encontrar significado e visão com uma linguagem carregada de afeto e frequentemente composta de imagens. O *self* é o autor de nossos sentimentos, fantasias, sonhos e esperanças. Ele é a morada de nossa subjetividade, o centro de nossa iniciativa e a fonte de nossa presença criativa no mundo. Acima de tudo, o *self* é produtivo; ele renova e enriquece nosso sentido de estarmos vivos.

Pessoas que fazem psicoterapia frequentemente referem-se a seu próprio centro interior dinâmico por algum nome familiar. Elas o chamam de "meu eu", "minha alma", "meu coração", "meu ser mais interior", "meu verdadeiro eu", "meu centro", "quem eu sou de verdade", "meu eu real". Um homem descreveu seu primeiro passo no reconhecimento da presença de seu *self* como identificar seu "balão". Ele se referia aos balões [cujo apêndice apresenta pequenas bolhas] que aparecem acima da cabeça dos personagens nas histórias em quadrinhos que contêm suas opiniões sem censura e o que eles realmente sentem.

Em suas *Confissões*, Agostinho refere-se a seu *self* como sua "alma" e às vezes como seu "coração". É importante notar que ele escreveu sua autobiografia aos 40 anos. Como Charlie, ele não estava apenas se lamentando de perdas dolorosas em sua vida pessoal, mas também resolvendo o que pretendia fazer sobre seu trabalho no futuro. Os assuntos específicos com que deparou, bem como a maneira como os abordou eram consistentes com padrões que os psicólogos hoje associariam a uma transição para a meia-idade. Ele também considerou aquela uma ocasião que levou a um encontro com sua alma.

As *Confissões* também documentam como Agostinho distinguiu pela primeira vez a voz única de sua alma dentro de um mundo interior maior de sua psique. Ele conseguiu isso primeiramente moderando suas atividades e criando momentos de quietude ao longo de sua rotina agitada. Como muitas pessoas antes e depois dele, ele então começou a experimentar sua alma como um recurso consolador para curar suas feridas emocionais e uma força poderosa para renovar sua vida.

Poderemos ouvir a voz de nossa alma se moderarmos as atividades e prestarmos atenção nela

Seja no meio da vida, seja em qualquer ponto do desenvolvimento contínuo, o primeiro passo no caminho do reconhecimento da voz da alma envolve moderar as atividades e prestar atenção nela. Como disse Walt Whitman, "Deito-me e descanso tranquilamente". É uma pena que esse bom senso de fazer uma pausa significativa na atividade — descanso — não seja muito valorizado em nossa cultura americana acelerada. Muitos homens aprenderam nos primeiros anos de vida não a diminuir as atividades e ouvir a alma, mas a abordar a própria vida como se fosse um constante projeto a ser alcançado com eficiência e realizado com rapidez. Em nossa cultura, uma vida de sucesso é associada tipicamente a produtividade, realização e riqueza. Consequentemente, muitos homens chegam a sua vida adulta já desencorajados de seguir o ritmo natural que originalmente sentiram presente em sua vida quando crianças. Eles não acreditam mais no fluxo alternado de sua energia, com seu movimento inato do conhecido ao misterioso e vice-versa.

As *Confissões* de Agostinho são antes de tudo uma representação visível de seu processo de moderar as atividades e ouvir a alma. O próprio ato de escrever serviu como uma forma de reduzir suas atividades exteriores e promover uma atitude de reflexão sobre seu mundo interior. Há um velho ditado do norte da África, que deve ter existido até no tempo de Agostinho, que diz que "a alma de um homem não pode viajar mais rápido que um camelo pode andar". Escrever foi seu jeito de adequar seu passo ao do camelo, de modo que ele podia ouvir o que estava acontecendo em sua alma. Agostinho considerou este seu primeiro discernimento: "Tenho de achar tempo, tenho de repartir as horas, para ocupar-me com a salvação da minha alma"[1].

Se queremos ouvir a voz de nossa alma, devemos achar um tempo para ouvi-la. Para alguns de nós isso pode se dar por meio da escrita, num

---

1. As citações de Agostinho foram tiradas de Santo AGOSTINHO, *Confissões*, São Paulo, Paulus, 2002. (N. da T.)

diário talvez. Para outros, pode ser caminhar num lugar tranquilo. Alguns homens rezam ou meditam. Outros preferem desenhar, pintar ou esculpir. Muitos simplesmente fecham a porta de casa ou do escritório por cinco ou dez minutos por dia para olhar pela janela enquanto convidam seus pensamentos e sentimentos a se manifestar. Conheço um homem que diz que sua melhor hora para refletir é quando está pescando; sua esperança é que ele possa transmitir seu amor por esse processo a sua filha. Seja qual for o meio e o momento preferido, é importante escolher uma rotina confortável o bastante para que possa ser mantida.

Diários, caminhadas, expressões artísticas e ambientes silenciosos são as manifestações exteriores de um lugar interior e uma pausa necessários para o acesso ao mundo interno. Sabemos que encontramos a forma particular que se adapta a nós quando tudo para, exceto a alma. É como descobrir um banco favorito numa trilha da montanha onde podemos parar com segurança e apreciar a vista. Voltar regularmente a esse lugar familiar começa a nos colocar num espaço interior. O poeta Gerard Manley Hopkins disse que, se olharmos longamente algo, ele começará a olhar para nós. A perspectiva exterior torna-se perspectiva interior, não o objeto mas o sujeito de nossa caminhada.

Charlie e Agostinho eram como muitos homens que terminam por ser tragados, não levados, para seu mundo interior. Esse processo teve uma série de recuos para parar a ambos em seu caminho e forçar uma diminuição ao ritmo da alma. Quando o homem depara com o espelho do autoexame no meio de sua vida, ele começa a ver como se afastara de seu caminho. Felizmente, a meia-idade ainda proporciona um tempo amplo para rever a direção da vida.

Nos capítulos seguintes examinaremos, de maneira prática, como essa revisão pode ocorrer e as novas direções que ela pode propiciar a alguns homens.

um

Ficar atentos a nossa vida interior: uma habilidade que pode ser aprendida

A caminhada rumo à saúde espiritual e psicológica começa quando estabelecemos o costume de reservar um tempo para observar nossa vida com honestidade. O passo seguinte implica aprender as habilidades que fazem parte desse processo. Tanto a religião como a psicologia de longa data tentam encorajar as pessoas a fazer uma pausa em suas rotinas atarefadas para envolver-se nesse tipo de reflexão. Além disso, cada uma delas desenvolveu uma variedade de métodos para ensinar as habilidades que facilitam uma auto-observação produtiva.

Ao longo dos séculos, nas tradições do cristianismo, do islamismo, do budismo e do hinduísmo foram desenvolvidas práticas para promover a reflexão. Essas tradições estabeleceram um longo costume de incentivar a participação em dias de recolhimento e retiro desenvolvidos para promover o discernimento da vida interior. Ademais, grupos religiosos também nos deram instruções detalhadas para seguir o processo de discernimento. Por exemplo, os jesuítas desenvolveram um programa chamado "método inaciano". Os beneditinos ensinam outro processo passo a passo que eles chamaram de "*lectio divina*". A popularidade atual da "oração centrante" é similar a algumas práticas de meditação budistas e hindus. O cristianismo, o budismo e o islamismo também promoveram estilos de meditação caminhando. Uma versão desse tipo de meditação usada pelos cristãos envolve reflexão seguindo um caminho através de um labirinto.

Na tradição budista, há uma linda imagem que descreve o desafio enfrentado por todo aquele que tenta ver a si mesmo mais claramente. Os budistas comparam a auto-observação com olhar-se num espelho. Inicialmente podemos ver nossa imagem, mas, ao olharmos mais de perto, começamos a notar que também há um pouco de poeira no espelho. Essa poeira distorce e escurece nossa vista. Desenvolver a habilidade de nos ver mais claramente exige notar essa poeira e aprender as melhores maneiras de limpá-la do espelho.

A importância de estabelecer o costume de voltar atrás para examinar nossa vida é um tema que também atravessa a história da psicologia contemporânea. Aprender o processo de auto-observação é a tarefa inicial exigida em várias formas de psicoterapia. Harry Stack Sullivan, um antigo e respeitado colaborador da psicanálise americana, frequentemente escreveu sobre o significado de nos tornar um "observador participante" em nosso dia a dia. O funcionamento psicológico saudável, da perspectiva de Sullivan, significa praticar a auto-observação tão habitualmente que ela não só aconteça em intervalos determinados, mas torne-se um processo mais consistente que continua durante nossas horas em vigília. Assim, nós não só nos envolvemos em nossas atividades diárias, mas também nos tornamos testemunhas de nossa experiência.

A importância de se reservar um tempo para a prática da autorreflexão é às vezes descrita pelos terapeutas aos clientes no início da psicoterapia. Quando terminei minha entrevista inicial com Charlie, eu o avisei, como faço com todos os meus clientes, para se preparar para suas sessões de terapia comigo reservando pelo menos alguns minutos todos os dias para prestar atenção no que estivesse ocorrendo dentro dele. Eu o encorajei a encontrar um lugar confortável para estar só. Recomendei que adotasse a prática de que mais gostasse para lhe facilitar manter esses momentos contemplativos por mais tempo: escrever um diário, andar, rezar ou simplesmente fechar a porta e pôr as pernas para cima. Escolher aquilo que melhor se adaptasse a sua vida para torná-lo um hábito.

Além disso, pedi-lhe que concentrasse seu tempo de autorreflexão em torno de uma simples questão: O que eu me encontro pensando e como estou me sentindo hoje? Devia dar atenção a qualquer coisa que aparecesse espontaneamente em sua mente na forma de preocupações, fantasias, devaneios, desejos, medos ou reações aleatórias a acontecimentos. Durante esse intervalo, ele podia tirar o peso que estava sobre seus ombros resolvendo seus problemas e fixando-se na vida. Em vez disso, ele podia simplesmente prestar atenção a qualquer coisa que aparecesse em sua mente, tentando fazer isso sem expectativas ou críticas de quaisquer pensamentos ou sentimentos que pudessem surgir. Nossa primeira tarefa é aprender como ouvir a nós mesmos e nos beneficiar de nossas experiências, porque não podemos mudar o que não entendemos.

Eu lhe disse que começaria toda sessão de terapia com a mesma pergunta: "Sobre o que você tem pensado, o que você tem sentido?". Eu queria que Charlie visse o consultório e o tempo comigo como um lugar de refúgio. Eu o tranquilizava de que o ambiente seria silencioso, sem interrupções, centrado em seu processo e livre de críticas. Em minha experiência, quando aprendemos a ser testemunhas honestas de nossas vidas e desenvolvemos uma confiança nos recursos de orientação saudáveis que existem dentro de nós, manifestam-se soluções mais satisfatórias e novas direções a ser seguidas.

A psicologia tem muito a oferecer a todo aquele que queira aprender como se tornar não apenas um participante saudável, mas também um observador compassivo de sua vida. Após termos começado a reservar um tempo e adquirido o hábito de prestar atenção ao que estamos pensando e sentindo, os próximos passos envolvem melhorar a qualidade de vida da testemunha interna. Como veremos, a auto-observação é essencialmente uma habilidade. Qualquer um pode aprendê-la, e qualquer um pode aprender como fazer isso melhor. Há algumas armadilhas a ser evitadas e estágios na aquisição dessa habilidade que podem ser reconhecidos e melhorados. O envolvimento consciente nesse processo traz o benefício adicional de eventualmente levar muitas pessoas a uma percepção mais clara de seu *self* ou de sua alma, que é a base comum do desenvolvimento psicológico e espiritual.

Na próxima seção, veremos uma descrição dos vários estágios num processo de autopercepção baseado nas ideias desenvolvidas pelo psicólogo americano Carl Rogers.

Os primeiros dois estágios da autopercepção: presos em nosso mundo exterior

Ao entrarmos no mundo interior, precisamos de um novo conjunto de pontos de referência que sejam diferentes dos que usamos para traçar nossas atividades externas. Os estágios seguintes do processo psicológico baseiam-se no trabalho de Carl Rogers como ele os descreveu no livro *Tornar-se pessoa*. Eles foram modificados para adequar-se às minhas experiências com clientes e para condizer com nosso propósito aqui. É preciso dizer inicialmente que não vamos seguir esses estágios numa progressão linear. O processo é muito mais como um círculo que percorremos repetidamente. Cada descrição de um estágio é como uma placa na estrada que nos avisa sobre onde estamos na sequência completa em qualquer momento.

Roger diz que é comum as pessoas depararem-se com a culpa quando começam a refletir sobre sua vida. Ele apresentou uma série de estágios que frequentemente ocorrem antes e depois que a culpa aparece. Ele acredita que esses estágios consistem num movimento progressivo que vai de assumir que os acontecimentos se dão apenas no mundo exterior a uma crescente percepção de que há um mundo interior de sentimentos e sonhos correspondente. Os passos seguintes envolvem uma disposição de dar valor a esse mundo interior e acreditar nele como um guia para nossa vida. Ele localizou uma hiperpercepção da culpa no terceiro estágio do *continuum*.

Para algumas pessoas, o som da autoacusação pode ser a primeira voz consistente que ouvem quando começam a mudar sua atenção da dimensão externa para a interna. A menos que se compreenda isso, será fácil perder a coragem de ir em frente. Vamos começar por explorar brevemente os dois estágios que às vezes precedem a dolorosa percepção da culpa. Esses estágios podem ser chamados de "pré-reflexivos". Eles descrevem um estado da mente que existe antes do início de um processo de reflexão psicológica.

O primeiro estágio dos sete níveis da percepção psicológica de Rogers é realmente pré-reflexivo porque descreve um modo de viver em que há apenas uma consciência mínima de subjetividade interior. A vida é vivida "lá fora", no mundo externo das tarefas e dos detalhes, e está centrada no domínio das responsabilidades do dia a dia. Sentimentos e sonhos podem ser reconhecidos, mas são vistos como insignificantes ou incoerentes com os desafios do "mundo real".

As pessoas que funcionam no estágio um ignoram sua subjetividade, o que é frequentemente evidenciado pela negação dos problemas pessoais. Se alguma coisa dá errado, elas tentam remediar a situação, mas essas tentativas são comumente empreendidas sem admitir a própria culpa. Esses indivíduos podem funcionar na verdade bastante bem em seu trabalho, mas frequentemente mostram problemas para sustentar emocionalmente relacionamentos íntimos com os outros.

No começo da terapia, Charlie já podia ver como algumas dessas características do estágio um tinham operado em seu primeiro casamento. No ponto em que sua vida adulta começou a desenredar com a separação de Joyce, Charlie ficou surpreso ao ouvir as queixas dela de que ele era "mais casado com seu trabalho do que com sua mulher". Por longo tempo ele defendera que suas horas de trabalho não precisavam ser vistas como um grande problema; a principal razão que alegava para tanto trabalho era oferecer uma vida melhor para ela e para as crianças. Infelizmente, esse hábito de ignorar os apelos dela para ficarem mais tempo juntos o tinha deixado alheio ao aumento de sua distância emocional. E também tinha deixado os dois num ponto em que havia pouco espaço para acordos criativos que antes possivelmente tinham sustentado o casamento.

Finalmente, depois que Joyce o deixou, Charlie se protegeu com a atitude: "As coisas vão bem, posso lidar com isso". Ele se jogou ainda mais no trabalho do armazém e continuou fielmente com seu "dever" de cuidar de seus dois filhos fim de semana sim, fim de semana não. Cerca de oito meses depois, ele também começou a sair com alguém. Ele olhava para o mundo como um homem que tinha feito a transição com sucesso, mas estava seguindo o caminho frequentemente visto pelos terapeutas: muitos homens divorciados substituem uma relação que terminou em vez de a lamentarem. No estágio um, há uma relutância em admitir que pode existir um problema. Quando prestamos pouca atenção ao que está acontecendo em nossa vida cotidiana, é difícil tirar proveito de nossas experiências. Ficamos vulneráveis para simplesmente repetir o que fizemos antes.

Isso nos leva ao segundo estágio, intimamente relacionado com o primeiro. No segundo nível de autopercepção, os conflitos pessoais e os sentimentos podem ser conhecidos mais frequentemente, mas suas causas são geralmente atribuídas a fontes externas ao ***self***. Quando se admite o problema, ele é geralmente atribuído a outra pessoa: "Sim, eu tenho problemas conjugais, mas eles são causados pela minha mulher". "Eu posso ter algumas dificuldades no trabalho, mas isso é devido ao meu supervisor ser tão incompetente". O potencial para resolver qualquer um desses problemas, consequentemente, depende de mudanças a ser feitas por outras pessoas. No estágio dois, ainda há pouco sentimento de responsabilidade pessoal em relação aos problemas. Não existe o reconhecimento de que nós mesmos contribuímos para os conflitos com os outros; os problemas são descritos como não próprios e colocados nos ombros dos outros.

Charlie expressou algumas das características do estágio dois em suas suposições sobre Joyce. Ele acreditava que os problemas conjugais que eles estavam sofrendo eram o resultado das faltas dela. Na cabeça dele, ela não compreendia adequadamente as exigências do "mundo real" e também não apreciava as motivações amorosas por trás do trabalho dele. Até o ponto em que essas atribuições estivessem corretas, elas funcionavam para evitar que Charlie encarasse sua responsabilidade pelo fim do casamento. Infelizmente, o fato de ele evitar reservar um tempo necessário para voltar atrás e aprender com a experiência da primeira relação agora o fazia enfrentar problemas similares com Susan.

Muitos homens que olham para a generalidade de suas vidas acham que desenvolveram um padrão consistente para externar quase tudo. Cada desafio enfrentado no curso normal do desenvolvimento é convertido numa tarefa externa a ser dominada. Desse ponto de vista, quase toda experiência pode ser traduzida num objetivo a ser alcançado, num problema a ser resolvido ou num obstáculo a ser transposto. Então preveem-se direções na vida que levam ao sucesso material e ao desempenho social.

Quando se segue essa abordagem externa e ocorrem reveses ou falhas, há uma tendência natural a reagir com censura. Se há um problema, então deve existir um culpado. Para alguns homens, essa culpa é direcionada externamente para familiares, colegas de trabalho ou pessoas com autoridade que devem tê-los prejudicado. Para outros, a culpa é experienciada internamente, permitindo a alguns homens encarar um crítico interior severo pronto para repreendê-lo por uma ladainha de faltas percebidas.

O terceiro estágio da autopercepção: embates com o crítico interior

O movimento para o terceiro estágio de auto-observação é caracterizado pelo embate com um crítico pessoal. No estágio três, as experiências são processadas numa sala de tribunal psicológico em frente a um juiz interior. Cada atitude, sentimento, pensamento ou desejo é examinado segundo se é bom ou mau, certo ou errado, moral ou imoral. A linguagem desse árbitro interior é frequentemente matizada com palavras como *culpado* ou *inocente*, *deveria* ou *não deveria*, *deve* ou *não deve*. De fato, o estágio três pode ser reconhecido simplesmente pela presença dessas palavras-chave.

Como Carl Rogers, outros psicólogos também reconheceram a presença dessa voz de julgamento presente na psique. Erik Erikson tomou emprestado o termo *censor* de Freud. Freud usou esse termo para descrever uma das funções do *superego*. Outros usaram uma variedade de sinônimos para o superego original de Freud, tais como *consciência*, *sistema de dever* ou *pai interior*, para citar alguns. Todos eles notaram sua primeira aparição muito cedo na vida e o modo como suas regras originais e a relativa severidade de suas atitudes parecem ser aprendidas num contexto social. As regras e atitudes do julgamento interior refletem os valores apreendidos na família e na comunidade na qual a criança foi criada.

Durante a terapia, Charlie começou gradualmente a distinguir a voz única de sua consciência no grande caos de seu mundo interior. Ele encontrou-se frente a frente com um árbitro severo que tinha operado à sua revelia.

Como a maioria dos "sistemas de dever", ele tinha um tema principal. O juiz interior de Charlie media seu valor pessoal pelo número de horas que ele trabalhava. Ele se deu conta de como passara anos tentando satisfazer as expectativas de seu pai quanto ao trabalho, assim como tentando contentar seu próprio controlador do tempo. O esforço gasto para atender a essa exigência pessoal tinha desequilibrado sua vida e o tinha feito descuidar do bem-estar de seu casamento e de sua família.

A atitude de Charlie era menos o produto de uma intenção maliciosa e mais o resultado de escolhas pobres resultantes da não reflexão. Quando moderou suas atividades e se deparou com as suposições de como deveria ter agido, ele percebeu que tinha tratado sua família da mesma maneira que tratara a si mesmo — com negligência.

Esse foi um dos piores momentos da terapia de Charlie. Ele se viu sucumbir diante da culpa. No entanto, dessa vez a culpa não estava ligada ao relógio de ponto. Estava associada à violação de valores pelos quais ele realmente se sentia responsável: ele tinha decepcionado sua mulher, seus filhos e a si mesmo. Enfrentar sua responsabilidade pelo que tinha acontecido, bem como as consequências de sua inação, era o único modo que ele poderia pensar para qualquer medida de reconciliação com aqueles que ele tinha magoado, assim como aprender o suficiente dessa experiência para diminuir as chances de que isso se repetisse.

O psiquiatra americano Karl Menninger, em seu livro *O pecado de nossa época*, explorou o conceito de "pecado" dessa mesma perspectiva psicológica. Menninger acreditava que uma consciência adulta saudável opera como um representante interior do bem-estar coletivo. Seu sentido do pecado significava a violação do bem-estar de outra pessoa a fim de atingir objetivos individuais. Ele citava especificamente as similaridades entre seus pontos de vista e os princípios que Agostinho eventualmente adotou para si mesmo. Do ponto de vista de Menninger, tanto ele como Agostinho definiriam uma atitude pecadora como um desrespeito intencional pelo bem-estar de outra pessoa a fim de conquistar um objetivo particular. Agostinho refere-se a isso em suas *Confissões* como um "afastar-se do todo para a parte individual".

De um ponto de vista espiritual, a identificação de um crítico interior tem uma dimensão adicional de importância. Agostinho descreveu o benefício que ele experimentou ao distinguir a presença de sua consciência dentro de uma estrutura maior de seu mundo interior. Isso permitiu que ele a ouvisse como uma entidade separada que falava com uma voz bem diferente dos outros sons em sua psique. Esse importante discernimento ajudou-o a identificar que tanto seu desenvolvimento psicológico como seu desenvolvimento espiritual estavam organizados excessivamente em torno de sua consciência, que frequentemente assumia a posição central de autoridade em sua psique.

Se a consciência se torna a voz interior mais poderosa, então o desenvolvimento psicológico equipara-se ao auto-aperfeiçoamento, e o crescimento espiritual é relegado à retidão moral. Como veremos, devemos respeitar a voz da consciência, mas ela não pode ocupar a posição central de autoridade na psique se o desenvolvimento e o crescimento saudáveis devem continuar a acontecer.

Em resumo, o processo de desenvolvimento psicoespiritual começa a se manifestar quando encontramos pelo menos algum momento do dia para nos recolhermos. Escolhemos um lugar em que possamos descansar e prestar atenção em nossa alma. Quando o recinto está quieto, perguntamos a nós mesmos: "O que estou pensando e sentindo?". Esse é o estímulo que nos alerta para sair da realidade externa do "fazer" e entrar no mundo interior do "ser", onde podemos convidar e observar nossa alma.

Em algum momento nesse processo, certamente ouviremos os julgamentos e as censuras ditos por um "crítico" interior, que pode realmente ser uma presença bastante poderosa em nossa mente. O crítico vê tudo do ponto de vista moral. Sua presença pode ser identificada pelo uso de palavras como *certo* ou *errado* e *bom* e *mau*. Embora tais julgamentos sejam úteis quando aplicados ao comportamento exterior, a alma se sente mais à vontade para aparecer num ambiente livre de críticas.

No próximo capítulo, exploraremos outra maneira de prestar atenção ao mundo interior. Ao desenvolver a habilidade de observar sem julgar, podemos favorecer uma progressão de estágios que eventualmente faz a alma aparecer. O *self* ou a alma é o cadinho em que forças produtivas de renovação têm origem em ambas as dimensões, psicológica e espiritual. A observação não julgadora é uma ferramenta importante e necessária para facilitar o desdobramento desse processo.

dois

Desenvolvendo o processo de reflexão não julgadora

Os dois primeiros estágios do processo psicológico são chamados de pré-reflexivos porque não há tempo para a auto-observação e a atenção está voltada para o mundo exterior. Isso resulta em um pequeno reconhecimento de atividade interior, e consequentemente nenhum senso de responsabilidade pessoal. As circunstâncias externas podem explicar ou ser responsabilizadas por tudo. Se surgem problemas, há uma crença de que foram causados por outra pessoa. Da mesma forma, as soluções são buscadas na mudança de outras pessoas.

O estágio três é a zona de transição do mundo exterior para o mundo interior, do processo pré-reflexivo para o reflexivo. Essa transição é marcada pela crescente percepção de que somos responsáveis pelo modo como reagimos aos acontecimentos exteriores, sejam eles causados ou não por nós. O funcionamento saudável no terceiro estágio às vezes exige um reexame dos "certos" e "errados" que aprendemos quando crianças, de modo que possamos alterá-los para padrões razoáveis que se ajustem às responsabilidades de trabalho e relacionamento de um adulto. Quando são notadas discrepâncias entre esses valores e os comportamentos, como foi o caso de Charlie, a expressão completa do processo do estágio três implica enfrentar a culpa que surge e encontrar maneiras de reconciliar as diferenças.

Examinaremos agora os estágios quatro e cinco, que constituem a mudança do processo pré-reflexivo para o reflexivo. A mudança de nosso relacionamento com o mundo exterior, que é o foco do terceiro estágio, para nosso relacionamento com o mundo interior da auto-observação exige fazer uma transição mental importante. A consciência ocupou a posição de observadora central no terceiro estágio porque suas avaliações e seus julgamentos eram necessários para avaliar se estávamos cumprindo nossas responsabilidades com os outros. No entanto, a observação da dimensão interior dos sentimentos e desejos, que é o foco dos estágios reflexivos, funciona melhor se suspendemos as avaliações e os julgamentos. Enquanto a consciência tiver o controle, aquilo que discordar de suas regras será julgado errado. Essa atmosfera deixa muito pouca segurança para que emerjam os criativos e às vezes desafiadores desejos da alma. O movimento do estágio três para os estágios quatro e cinco é facilitado pela mudança da posição central da observação interna da consciência para uma "testemunha" não julgadora.

Esse era certamente o caso de Charlie. Quando passou a reservar um tempo para refletir, ele começou a experimentar mais controle interno sobre o ir e vir entre o estágio três de suas responsabilidades externas e o testemunho mais reflexivo de seu mundo interior. Seus esforços para manter-se responsável e compensar sua mulher e sua família pelos problemas criados por ele levaram a uma diminuição da intensa autocensura que experimentara antes.

A reduzida preocupação com a culpa permitiu a Charlie prestar atenção ao seu casamento menos como um crítico repreensivo e mais pelos olhos de uma testemunha inquisitiva. Por que ele escolhera ficar tão pouco tempo com Joyce? O que o fizera ter tão pouco tempo para participar de alguns eventos escolares de seus filhos? Por que ele tinha se sentido tão embaraçado quando, ao se formar na faculdade, contara a Joyce que desistiria de dar aulas para trabalhar no armazém?

Quando a testemunha está livre para fazer essas perguntas com uma atitude de curiosidade não julgadora, esse questionamento leva à exploração de experiências, que por sua vez estimula respostas que gradualmente tomam a forma e o ritmo de histórias. A elaboração dessas histórias pode camuflar discernimentos importantes sobre nós mesmos que estão embutidos nas narrativas pessoais. Assim, Charlie entrou nos estágios quatro e cinco de reflexão psicológica.

Estágios quatro e cinco da autopercepção: o desenvolvimento da reflexão não julgadora

A essência do estágio quatro de reflexão psicológica reside na prática de prestar atenção não julgadora nas verdadeiras histórias de nossa vida. As habilidades requeridas para fazer isso são aprendidas primeiro no contexto de um relacionamento. Expressamos nossas experiências pessoais a outro ser humano quando ele é capaz de ouvir com aceitação. Descrever acontecimentos nesse ambiente de aceitação antes de tudo confirma que o que acontece conosco é importante e digno de consideração. Além disso, se outra pessoa pode ouvir acriticamente, há uma grande chance de que nós também possamos aprender a ouvir nós mesmos dessa maneira. Embora esse processo auspiciosamente seja encontrado e aprendido primeiramente na infância, não há uma idade-limite que nos impeça de vivenciá-lo em qualquer momento de nossa vida.

Quando temos a experiência de pessoas ouvindo o que estamos dizendo com uma atitude de aceitação, isso acaba liberando o jornalista em nós para descrever com honestidade o que aconteceu de fato. No início, a narrativa que emerge pode parecer um jornal no qual os repórteres se preparam para juntar os fatos do dia numa forma sequencial que soa muito como uma história. Com o tempo, contudo, isso muda. Inevitavelmente, o contador de histórias em nós se separa de algo que se parece com um jornalista profissional.

Qualquer um que tenha repetidas vezes dividido uma história pessoal com outras pessoas notou como os fatos podem permanecer os mesmos, mas o tamanho da história gradualmente começa a mudar. Histórias pessoais divididas com outros não permanecem com a mesma forma. Elas recebem ênfases ligeiramente diferentes quando contadas a várias pessoas em diferentes contextos. Cada história se desenvolve ao longo do tempo, às vezes tomando um diferente começo, meio ou fim. Isso não quer dizer necessariamente que a história está se tornando menos verdadeira. Frequentemente é justamente o contrário. Essas flutuações caleidoscópicas nas narrativas pessoais permitem emergir vários padrões que podem revelar novas verdades que estão nos relacionamentos entre ocorrências aparentemente não relacionadas.

Pessoas que contam uma história muito frequentemente podem até reconhecer e aceitar a evolução de sua estrutura. Elas respeitam a vida complicada e dinâmica que repousa no coração da história. Compreendem como mudanças na progressão ou na ênfase podem ser precursoras de diferentes verdades incorporadas na mesma narrativa. Histórias pessoais, contadas repetidas vezes ao longo de um tempo, inevitavelmente tornam-se menos um espelho da realidade objetiva e mais o reflexo do estado subjetivo do contador de histórias. Terapeutas e diretores espirituais sabem há muito tempo que, com frequência, não é a pessoa que conta a história, mas uma presença dentro da própria história que revela algo àquela pessoa sobre sua vida. Quando aprendemos a ouvir histórias dessa maneira, podemos começar a ouvir como geralmente há muito mais numa narrativa do que sua intenção superficial de informar, impressionar ou entreter.

Ao longo de sua terapia, Charlie com frequência se viu envolvido por uma série de histórias que estiveram presentes num certo período de sua vida, principalmente nos seus vinte e poucos anos. Ele estava terminando a faculdade, graduando-se em inglês e começando sua prática de ensino num colégio ligado à universidade. Aprender como organizar e planejar aulas para um grupo de segundanistas que tinham pouco interesse em literatura americana era o maior desafio que ele já tinha vivido. Apesar da ajuda de seu professor orientador, às vezes ele falhava, mas os dias em que se saía bem proporcionaram uma arrancada em seu entusiasmo, diferente de tudo o que ele sentira antes. Charlie riu quando me contou como ele compreendia o que Arthur Miller queria dizer ao descrever um caixeiro-viajante como "um homem solto no espaço, cavalgando num sorriso e num sapato brilhante"[1]. Isso é exatamente o que é ser um professor, ele disse.

---

1. Disponível em: <http://seletum.blogspot.com/2008/02/morte-do-caixeiro-viajante-arthur.html>; acesso em 7 abr. 2008. (N. da T.)

Certo dia, quando Charlie estava me contando sobre experiências similares que tinham ocorrido na época em que ele estava na faculdade, lágrimas brotaram em seus olhos inesperadamente. Perguntei-lhe o que ele sentira. Ele não tinha certeza. Essa reação o surpreendeu porque ela não se enquadrava. Os anos de faculdade tinham sido anos de desafio, mas frequentemente eram referidos como basicamente felizes. Quando nosso horário acabou naquele dia, nós dois concordamos que aquelas lágrimas incongruentes significavam algo importante e que tentaríamos explorá-las à medida que continuássemos as sessões.

A transição para o estágio cinco é marcada pela expressão do sentimento. À medida que os acontecimentos da narrativa são relembrados, sentimentos e fantasias vêm à tona para combinar com as palavras e frases como se eles fossem atraídos por um ímã. O resultado final desse processo é como notas musicais que se ligam às palavras, transformando a história em música. Quando surge o sentimento, ele anima o contador de história e a história muda de novo.

Os sentimentos que brotam dessa forma são normalmente previsíveis e até agradáveis. Eles podem aliviar o tom de nossa história com humor, aumentar nossa raiva ou atravessar os limites do tempo e do espaço para nos reunir com os que amamos na dor. Seja alegre, seja triste, é o sentimento que dá ressonância a nossa voz. Quando as histórias são compartilhadas com uma voz que soa autêntica, elas podem produzir um efeito de juntar o coração daquele que conta a história com o coração daquele que ouve.

Há outros sentimentos, no entanto, que podem vir a nossa consciência com surpresa ou até confusão. Eles também têm tempo e intensidade próprios, e não parecem combinar com a história. Eles não combinam com as noções preconcebidas que temos da história. Alguns desses sentimentos podem ser constrangedores ou apavorantes. Outros podem ser até esmagadores. Podemos ter uma reação fortíssima a um incidente aparentemente menor e não entender por quê. Podemos ficar confusos quando numa narrativa calma e até engraçada surgem sentimentos de raiva. É muito importante compreender que, quando o sentimento é incoerente com a história, não significa que ele seja "ruim" ou não mereça atenção. Evitar sentimentos aparentemente inadequados apenas parece provocar sua implacável recorrência.

Charlie gastou bastante tempo tentando dar sentido aos sentimentos inesperados que vinham à tona em conexão com um dos períodos mais felizes de sua vida. Finalmente ele interpretou as lágrimas que brotavam em seus olhos quando ele falava sobre dar aulas como uma "dor". Ele reconheceu a tristeza por trás da decisão de sacrificar seu desejo de ser professor para agradar seu pai e dedicar-se aos negócios da família.

Por um lado, ele se orgulhava do fato de, como o filho mais velho e leal, ter transformado o armazém de esquina do pai no que era agora um grande mercado, e de que seu pai tivesse visto isso antes de morrer. Por outro, a decisão de seguir aquele caminho, assim como arranjar sua vida em função do negócio, custou-lhe sua vocação como professor, seu casamento, bem como sua vida familiar. As horas excessivas passadas no mercado também serviram para distraí-lo do que estava acontecendo dentro dele. As lágrimas aumentavam à medida que Charlie abria seu coração e punha para fora sua dor.

Em muitos casos, é fácil incluir os sentimentos numa história porque eles se enquadram no tema pretendido. No entanto, quando a expressão afetiva da alma é excluída por um longo tempo, sua voz pode não se harmonizar mais até mesmo com os temas principais da história. A alma de Charlie tinha sua própria verdade, e ela não descansaria até poder expressá-la. Sua voz encontrou aliados quando primeiro Joyce e depois Susan questionaram o excesso de trabalho dele. Quando parou de arrumar desculpas e relutantemente começou a levar a sério o que elas diziam, Charlie percebeu a incongruência entre a história que ele estava contando sobre a alegria com o trabalho e a presença de uma insatisfação inoportuna que agora ele reconhecia como dor.

Pessoas que, como Charlie, estão começando a refletir sobre sua vida nos estágios quatro e cinco logo notam que não há uma sequência linear na progressão desses estágios. Às vezes uma parte da história aparece primeiro e depois surgem os sentimentos para se juntar a ela. Outras vezes ocorre o contrário, surgem primeiro os sentimentos e então alguma história particular aparece depois na consciência para combinar com eles. O processo pode começar tanto no estágio quatro como no estágio cinco. Quando um dos estágios é ativado, parece estimular o outro. A tensão dinâmica entre os dois estágios fortalece a produção de significado e vitalidade na psique. Uma das tarefas práticas associadas ao progresso de Charlie na terapia envolveu seus esforços para unir os acontecimentos do estágio quatro e os sentimentos do estágio cinco tanto no passado como na vida presente.

A ligação cuidadosa de acontecimentos e sentimentos é o que o psicólogo americano Sylvan Tomkins chamou de "associações afetivas". As associações afetivas de cada pessoa são como as impressões digitais; ninguém as tem iguais. Mesmo quando duas pessoas dividiram a mesma experiência objetiva, suas respostas subjetivas a ela podem ser bem diferentes. Se esse trabalho de ligar acontecimentos e sentimentos é deixado sem fazer por um longo tempo, as pessoas podem experimentar tal discrepância entre o que estão fazendo e sentindo que elas terminem vivendo numa casa dividida. O processo de ligar com cuidado acontecimentos objetivos e respostas subjetivas fornece o componente interno do que geralmente denominamos "integridade" (ou seja, "unidade"). Na medida em que essa integração é realizada, a distinção real entre "vida interior" e "vida exterior" torna-se uma dicotomia falsa.

Obviamente essa não é uma tarefa fácil. O trabalho dos estágios quatro e cinco exige fazer um esforço não só para participar da vida, mas também para refletir sobre ela. Além disso, isso requer um entendimento de que o sentimento é uma das maneiras de a alma se manifestar na vida cotidiana. Esse processo evolui apenas quando começamos a desenvolver confiança suficiente em nossas respostas afetivas interiores para incluí-las como parceiros iguais ao criar as histórias que contamos sobre nossa vida. Às vezes podemos até ser desafiados por aquele sentimento para modificar partes de uma narrativa pessoal de modo que ela combine mais intimamente com o que realmente sentimos. Quando uma nova história é formada, ela pode por sua vez suscitar mudanças no modo como decidimos viver nossa vida futura. O que buscamos realizar é que nosso comportamento externo coincida mais intimamente com a pessoa interior que realmente experimentamos ser.

As histórias ficam mais claras quando são contadas na companhia de outros. Em conformidade com isso, muitos homens acham conveniente procurar ajuda nesse ponto do processo. Por volta dos 30 anos, Agostinho teve muita sorte de encontrar dois homens que lhe foram bastante úteis quando ele reservou um tempo para refletir sobre questões pessoais e relatar as histórias que formariam uma narrativa psicológica e espiritual significativa para sua vida. Ambrósio e Simpliciano devotaram seu tempo a Agostinho, que apreciou muito a presença deles. Charlie não só se voltou para mim como seu terapeuta, mas também para sua irmã Gale, que morava na cidade e tinha sido seu parente mais próximo desde que eram crianças.

Há uma boa razão para contar com amigos seletos, membros da família, grupos de apoio ou profissionais para assistência e *feedback* sempre que temos um tempo para descansar e convidar nossa alma a se manifestar. Poucos conseguem fazer esse processo sozinhos. É tão fácil evitar, distorcer ou enganar a nós mesmos quando partimos em nossa caminhada de descoberta pessoal. Esses relacionamentos abnegados e receptivos representam uma comunidade maior. Sua presença nos ajuda a manter o foco, a honestidade e a compaixão por nós mesmos, às vezes difíceis de sustentar quando encontramos pensamentos e sentimentos desafiadores.

três

Aprendendo a acreditar em nossa alma como um guia para a vida

Há uma frase deliciosa em italiano que diz "... *la dolce far niente*", o prazer de não fazer nada. Ela expressa o prazer simples de descansar que Walt Whitman captou tão sensualmente em seu poema "Canção de mim mesmo": "Deito-me e descanso tranquilamente, observando uma haste da relva de verão"[1]. Quando o mundo agitado é silenciado, o tempo pára e os sentidos se aguçam. As condições são propícias para convidar a alma a se manifestar.

A alma aceita o convite porque genuinamente ela quer ser vista. Sua natureza básica é boa, e ela procura nossa atenção primordialmente devido a suas necessidades de ser compreendida e levada em consideração. Uma coisa é certa: ninguém precisa procurar a alma. Se nos sentarmos quietos tempo o bastante, ela nos encontrará.

Se convidada a se manifestar, a alma emerge com a mesma liberdade e a mesma abundância encontradas em toda a natureza. Ela pode ser apreciada nos pequenos prazeres e nas simples interrupções da vida cotidiana. Tornar-se consciente de sua presença significa prestar atenção ao que está ocorrendo em nossa visão periférica. Sentimentos e medos, sonhos e desejos, imaginação

1. W. WHITMAN, *Folhas de relva*, São Paulo, Martin Claret, 2006. (N. da T.)

e fantasia são todos veículos para a alma se manifestar. Primeiramente, esses acontecimentos momentâneos podem parecer confusos ou até inconvenientes, mas isso não significa que eles devam ser esquecidos. A aparência da alma não se limita ao que parece bonito, apropriado ou fácil de entender.

No entanto, poderão ocorrer problemas se não descansarmos e convidarmos nossa alma a se manifestar. Se ela for desconsiderada ou negligenciada por um longo período, as tentativas de reconhecê-la poderão tornar-se problemáticas. Charlie experimentou o desejo implacável de sua alma de ser vista na forma de censura de sentimentos de insatisfação, problemas para dormir e cansaço persistente. Esses sintomas eram a expressão de uma alma que vigiava sua vida cotidiana como um convidado indesejável que se recusava a sair. Ela o mantinha acordado até tarde e o despertava logo cedo. No momento de seu divórcio, ela fez ainda mais barulho. A alma de Charlie não queria impor sua vontade — esperava, sim, ser ouvida.

O fato de Agostinho ter negligenciado sua alma por tanto tempo causou-lhe uma inquietação crônica, que lhe tirava a alegria da vida bem-sucedida. Ele também salientou como a alma realmente tentaria "nos revelar contra nossa vontade". Ela não segue regras e não está preocupada em ser justa e honesta, agarrando qualquer oportunidade para se revelar. Deslizes da língua acontecem sem respeitar pessoa ou lugar. Ela também pode se fazer conhecer por um esquecimento inoportuno, um ímpeto não planejado ou um deslize público justamente quando alcançamos um objetivo. O modo de agir da alma em tais incidentes embaraçosos não é malicioso. Seu principal desejo é simplesmente ser reconhecida e levada em consideração.

A alma não respeita o ***status***. Ela amolará as pessoas que parecem ter tudo e também não mostrará pena nenhuma por aqueles que nada têm. Rico ou pobre, celebridade ou pessoa comum, a alma não mostra deferência ao que a sociedade considera "vida boa" ou "pessoa boa". Ela sempre encontra uma maneira de desmascarar qualquer um orgulhoso o bastante para pensar que seu sucesso ou sua bondade o coloca acima de ouvir sua alma ou a de outra pessoa.

Uma lição encorajadora que podemos aprender com Charlie e Agostinho é que nenhum dos dois homens nasceu com alguma habilidade especial para reconhecer ou compreender sua alma. Como qualquer outro, eles tiveram de aprender. Infelizmente, ambos já tinham passado a metade da vida evitando esse processo. O despertar psicológico deles foi suscitado por tragédias pessoais e não por algum tipo de visão prazerosa. O que os diferenciou de muitos outros, no entanto, foi que eles encararam essas tragédias não apenas como problemas a ser resolvidos, mas também como ricas experiências a ser entendidas. Refletir sobre suas vidas dessa maneira levou-os a outro nível de auto-observação que em última análise envolveria o reconhecimento da própria alma.

Estágios seis e sete da autopercepção: experimentando uma "conversão psicológica"

O trabalho repetitivo de associar sentimentos e acontecimentos, feito nos estágios quatro e cinco, frequentemente leva à revelação do nível seguinte de auto-observação. Os estágios seis e sete abrangem uma mudança fundamental na maneira de nos aproximarmos do mundo interior. Essa transição pode ser resumida como uma mudança de atitude da testemunha, que passa da observação reflexiva da alma para a formação de um relacionamento confiante com ela. Essa mudança de processo analítico para relacional pode ser chamada de "conversão psicológica".

Uma conversão psicológica envolve dois passos diferentes. O primeiro passo nesse processo é o reconhecimento pela testemunha de um núcleo central na psique que é usualmente chamado de "*self*" ou de "alma". O segundo passo envolve a formação de um relacionamento entre a testemunha e a alma no qual a alma torna-se uma fonte confiável para direcionar a vida. Fazer essa conversão psicológica não substitui as autopercepções que ainda podem ser feitas do ponto de vista dos estágios anteriores. Mais exatamente, essa transição pode ser vista como uma ampliação do alcance de nossa visão, de modo que possamos apreciar tudo aquilo que nossa vida tem a oferecer com maior percepção.

Não quero que esses dois últimos estágios pareçam mais incomuns do que eles realmente são. Todo aquele que tenha falado consigo mesmo diante de um espelho sabe algo sobre prestar atenção em sua alma. Podemos entender o processo que ocorre aqui se lembrarmos as vezes que nos olhamos nos olhos e sinceramente fizemos a pergunta: "O que você está sentindo realmente a respeito de X?". Nesse tipo de questionamento olho no olho há um reconhecimento implícito de que em algum lugar na mente há um *self* acima de nossa máscara social que tem uma resposta honesta que vale a pena ser ouvida. Essa experiência possui alguns elementos básicos em comum com a atitude das pessoas que estão abertas para sentir a presença da alma.

À medida que examinarmos os estágios seis e sete em mais detalhes, veremos como Charlie e Agostinho experimentaram essa transição de forma única. Veremos também como alguns homens encontram paz após passar por esse processo.

O reconhecimento de um núcleo central na psique é o primeiro indicador do sexto estágio do processo psicológico. Trata-se de um discernimento que emerge de uma atenção persistente que prestamos ao nosso mundo interior durante os dois estágios anteriores.

A associação continuada do sentimento com os acontecimentos nos leva a um gradual despertar de que há uma semelhança considerável em nossas respostas subjetivas a acontecimentos similares. Por fim percebemos que nossos sentimentos não são tão aleatórios e caóticos como em princípio pareciam. Há um encadeamento consistente e padrões repetitivos que sugerem uma organização criativa no processo que os produz. Esse processo formativo parece operar em algum lugar além de nossa percepção e de nosso controle conscientes. É como se existisse uma presença coerente residindo dentro de cada um de nós que continuamente expressasse reações significativas para cada acontecimento da vida mediante uma linguagem única e criativa composta de sentimentos, sonhos e fantasias.

As pessoas que experimentam essa presença a descrevem como um tipo de núcleo vital em seu interior. Por toda a história, indivíduos curiosos sobre sua vida interior deram a esse ponto central de atividade diferentes nomes: "minha alma", "meu centro profundo", "meu verdadeiro *self*", "meu verdadeiro eu". Charlie descreveu sua experiência desse processo interior como sua "alma". Esse discernimento-chave marcou sua transição para o sexto estágio.

O reconhecimento preliminar de Charlie da presença de sua alma ocorreu enquanto repetia uma questão central: como ele pôde deixar que o trabalho o dominasse a ponto de ele perder sua família? Esse problema desafiador o fez voltar a um período de sua vida em que, ainda jovem, tomou sua primeira decisão sobre trabalho. Quando decidiu aceitar o trabalho no armazém, renunciando ao desejo de lecionar, ele se lembrou do contraste entre o orgulho de seu pai diante dessa decisão e seu próprio sentimento, sobretudo de alívio. Seu futuro estava então confortavelmente assegurado. Ele se lembrou novamente de como não tinha realmente falado com Joyce sobre isso e depois se sentiu embaraçado quando lhe contou em particular o que tinha decidido. À medida que os anos passavam, seu trabalho duro no armazém lhe trazia muitos sucessos, mas pouca satisfação. Ele se sentia cada vez mais oprimido, cansado e emocionalmente embotado. Ele não entendia o porquê disso, mas tentou ignorar os sentimentos adotando uma "fachada" positiva para sua família e para ele mesmo.

Quando começou a fazer terapia e reconhecer a falsa imagem que projetava, Charlie de fato começou a olhar no espelho e perguntar a si mesmo o que realmente sentia. Fazer uma retrospectiva para combinar seus verdadeiros sentimentos com acontecimentos específicos levou-o a um gradual despertar no qual ele encontrava respostas subjetivas similares ao tema comum de seu trabalho. Suas reações afetivas não eram tão positivas quanto ele havia reportado anteriormente, nem eram tão confusas quanto no início pareceram. Na verdade, elas estavam se tornando claramente previsíveis. O cansaço, a falta de vitalidade emocional e o senso de estagnação pessoal estavam todos ligados ao mesmo tema: seu trabalho. Além disso, ele via como todo esse excesso de trabalho tinha servido para impedi-lo de reconhecer essas mensagens interiores persistentes.

Ficou claro para Charlie que essas respostas consistentes e previsíveis estavam surgindo de uma fonte única e profunda dentro dele. Finalmente ele experimentou essa fonte como um centro coeso que não era só criativo, mas potencialmente útil. Ele se deu conta de que a negação da infelicidade que ele sentira por tanto tempo consistia de fato nas tentativas de sua alma de ser reorganizada e levada em consideração. Ele concluiu que, se tivesse dado ouvidos muito antes aos devaneios desse útil recurso interior, muitos dos problemas passados e da infelicidade presente podiam ter sido reduzidos ou evitados.

Com base nesse discernimento, Charlie resolveu fazer uma mudança radical em seu centro de autoridade. Ele reduziu a prioridade que tinha dado a valores exteriores como segurança e a opinião dos outros como guias para tomar decisões sobre sua vida. Seu novo desejo era incluir a totalidade de seu ser nesse importante processo. Isso significaria aumentar a crença nas percepções de sua alma à medida que ele começava a reconstruir sua vida.

Apesar dos esforços mentais que essa transição acarretaria, Charlie estava ganhando confiança de que ele finalmente encontrara um recurso que poderia fundamentar seu mundo e provê-lo de um meio de entender o passado e planejar o futuro. Ele descreveu esse trabalho interior como "voltar para casa". Ele sentiu mais energia fluindo em suas atividades diárias, assim como uma crescente paz que lhe deu um lampejo de esperança.

O deslocamento da confiança para a alma como uma autoridade para guiar e significar é o traço central do sétimo estágio do processo psicológico. O estágio seis tinha a ver com o reconhecimento do núcleo central. No estágio sete, não há apenas um reconhecimento da existência do eu interior, mas também a colocação de mais confiança nele como um guia para conduzir a vida. As pessoas que fizeram essa transição, e que falaram a esse respeito na terapia, começavam às vezes a referir-se a suas almas com termos descritivos tais como "minha bússola interior" ou "meu guia". Alguns desses homens também descreveram sonhos em que suas almas eram personificadas como uma figura de sabedoria, tais como um sábio, um curandeiro ou um velho sábio que aparecia e falava com eles.

Distinguir a voz da alma na complexidade da psique é bastante difícil. E o processo de obter a variedade de suas expressões mediante discernimentos confiáveis mostrou ser uma tarefa ainda mais terrível. Esse processo de discernimento é bastante difícil de realizar e leva muito tempo, porque as reações da alma são complexas e às vezes até flagrantemente contraditórias.

De algum modo, o que experimentamos ao prestar atenção à voz da alma é similar a quando estudamos uma pesquisa científica. Os relatórios das novas descobertas registradas nas revistas profissionais são essencialmente versões impressas de conversações mantidas entre vários cientistas. O que ouvimos por acaso são os pontos, contrapontos, sínteses e refutações feitos por um grupo de pessoas engajado em tentar revelar algum mistério científico particular. O termo ***descobertas científicas mais recentes*** não pretende, mesmo por seus proponentes, ser uma verdade final na matéria em discussão. É apenas um marco do progresso mais recente de alguém que sabe que está trilhando um longo e complexo caminho.

Quando escrevemos um diário, o que registramos são as conversas interiores de nossa alma. O que ouvimos ao acaso são as impressões da alma de qualquer coisa que possa ser importante naquela hora. Posteriormente, ao reler o que escrevemos, essas mensagens registradas provavelmente soarão contraditórias. Como o cientista, a alma não ***tem*** a verdade, mas está engajada em ***procurá***-la honestamente. À medida que novos dados são levados em conta, as opiniões da alma são refinadas ou até mudadas, mas por fim surgem padrões que podem ser úteis para guiar a vida. No entanto, também como a pesquisa científica, nunca haverá um "produto" final. A alma estará sempre em processo. A verdade está sempre se revelando.

Agostinho achava que devemos acreditar na alma do mesmo modo como acreditamos em nossos sentidos. Ele considerava a alma um sexto sentido intimamente relacionado com os sentidos do corpo físico. "Desse modo, elevei-me gradualmente do corpo até a alma, a qual sente por meio do corpo, e da alma até a sua força interior à qual os sentidos comunicam a realidade exterior." Ele queria aprender a ouvir com os "ouvidos da alma", a olhar com o "olho da alma", a cheirar, a sentir e a tocar desse modo muito mais subjetivo. Sua descrição de como a percepção do mundo a sua volta se transformava é coerente com a de uma pessoa que está tentando aprender a incluir as percepções da alma no exame de sua vida.

É no estágio sete que a transformação pode ser chamada verdadeiramente de "conversão psicológica". Nesse ponto, iniciamos um caminho que vai além de simplesmente reconhecer e ouvir a voz da alma e começamos a acreditar nela o bastante para passar a alterar nossa vida com base em suas percepções. Acreditar nesse centro vital como um guia requer um entendimento de que a alma não é um objeto, mas o sujeito da passagem de nossa vida.

Todo aquele que der esse passo chegará a uma margem que oferece uma perspectiva bastante diferente. O que se deixa para trás é o uso reflexivo das expectativas sociais externas como bússola central para gerenciar nossa vida diária. A alma oferece uma alternativa mais dinâmica. Acreditar nela significa manter-nos abertos a modos mais espontâneos, vívidos ou até mais divertidos de viver nossa vida.

À medida que essa vida interior de sentimentos, sonhos e fantasias torna-se mais relevante, também podem surgir alternativas criativas para planejar nosso futuro. Encontrar maneiras de respeitar essas possibilidades nos permitirá nos sentir menos "amarrados" ou "presos" em nossa situação presente, bem como revelar novas direções para nosso futuro. Mesmo diante de circunstâncias bem negras, podemos contar com a alma para oferecer algum vislumbre de esperança.

Nesse ponto, há ainda outra importante razão para procurar a companhia dos outros quando descansamos e convidamos nossa alma a se manifestar. Interessar-se pelo contato humano ativa a alma. Durante toda a nossa história de desenvolvimento, é mais provável que nosso *self* verdadeiro surja no contexto de um relacionamento de aceitação. As pessoas que escolhemos para nos acompanhar repetem agora os relacionamentos originais que encorajaram nosso crescimento nos primeiros anos de vida. O aparecimento da alma individual no mundo comum sempre dependeu do convite de indivíduos que serviram como acompanhantes e protetores nessa transição. O mesmo vale agora, em qualquer ponto em que estejamos de nosso desenvolvimento.

O que Charlie experienciou com sua irmã e comigo na psicoterapia pôde ser útil porque repetiu o tipo de relacionamento que previamente encorajou o surgimento de sua alma durante os primeiros períodos de sua vida. O que Agostinho vivenciou com Ambrósio e Simpliciano igualmente estava ligado às pessoas que previamente tomaram parte no processo. A grande diferença, nesse momento crítico de suas vidas, era que ambos não estavam mais aguentando as tentativas implacáveis de sua alma de tirar sua máscara e ser vista. Com a ajuda de pessoas abnegadas, eles estavam reconhecendo sua presença, aprendendo como ouvir sua voz e de fato começando a dar algum crédito a sua percepção.

Relacionamentos passados nos ajudam a entender como esse processo funciona no presente. Um modo de reconhecer esse centro criativo vital que busca nossa atenção hoje é aprender como identificar as várias pessoas que tocaram esse centro no passado. Quando podemos nomear essas pessoas especiais, podemos reconhecer mais facilmente o processo único que pode promover o surgimento de nossa alma hoje. Uma grande medida para chegar a entender melhor quem somos é aprender como apreciar o avivamento de nossa vida psicoespiritual que aconteceu naqueles relacionamentos iniciais quando viemos ao mundo. Esse é nosso próximo passo no exame desse processo.

quatro

A alma começa a se manifestar em nossos relacionamentos iniciais

A alma não se manifesta sozinha. Ela se revela no contexto de uma série de relacionamentos diferenciados que começam de maneira favorável na família, mas estão potencialmente presentes durante todo o ciclo da vida. Esses relacionamentos são tão necessários para o nascimento e o crescimento da alma que os recém-nascidos já chegam com predisposição para lançar-se neles. Os primeiros sinais dessas ligações vitais podem ser vistos na dimensão física logo depois do nascimento.

O psicanalista inglês D. W. Winnicott frequentemente dizia que "não existe essa coisa chamada bebê". O que ele queria dizer é que os bebês não chegam em pacotes autossuficientes. A unidade básica da vida não é o bebê, mas o bebê mais a pessoa que cuida dele. Uma criança não pode ser separada das pessoas que física e emocionalmente a sustentam. Essa ligação entre o bebê e a pessoa que cuida dele fornece o contexto básico necessário para sua sobrevivência. A pessoa que cuida é tão essencial para o potencial do recém-nascido se desenvolver quanto a comida que ele come e o ar que ele respira. Além disso, a criança já vem ao mundo com uma capacidade embutida de tomar parte nessa conexão de sustentação da vida.

Os bebês nascem aparelhados para se conectar. Eles começam essa conexão poucas horas depois de nascer, ligando-se ao mundo por seu reflexo de sugar. A sobrevivência inicial se dá no contexto de receber alimento mediante esse relacionamento com outra pessoa. Essa ligação física vivificante também prepara o estágio para o relacionamento psicológico subsequente.

Assim como a boca é o órgão primordial para a conexão física, os olhos são os órgãos primordiais para a conexão psicológica. O protótipo do nascimento psicológico ocorre quando os olhos da criança vagueiam para focalizar a face da pessoa que cuida dela. Esse movimento visual do peito ou da mamadeira para a face pode ser entendido literal e metaforicamente como o primeiro passo num importante processo psicológico que levará décadas para se revelar.

O movimento dos olhos para a face é a gênese da diferenciação entre "o que é alimentado" e "o que alimenta". Em outras palavras, é o primeiro passo rumo a nossa habilidade posterior de distinguir o impessoal do pessoal, o objeto do sujeito. Essa distinção é o que nos permite tratar uma pessoa, como o filósofo Martin Buber sugeriu, menos como um impessoal "isso" e mais como um pessoal "tu". O movimento dos olhos para a face é a progressão inicial no longo caminho do desenvolvimento humano que culmina quando podemos finalmente ver as outras pessoas menos como objetos para gratificação e mais como sujeitos para afiliação emocional.

O núcleo da psicologia moderna pode bem ser ilustrado pela imagem da face humana. Winnicott referiu-se à face de nossos pais como os primeiros "espelhos" aos quais olhamos para obter o sentido inicial de quem somos. Foi nos olhos daqueles que primeiro aceitaram nosso olhar ascendente que inicialmente vimos nosso próprio reflexo e nos tornamos conscientes do que significava estar completamente vivos.

Esses cuidadores responderam retornando o olhar. Desde a aurora dos tempos, pais focalizaram os olhos de seus filhos e os satisfizeram, agradaram, lisonjearam, gracejaram, cantaram e riram para eles e até os influenciaram para o mundo. O desenvolvimento humano requer não só formação biológica, mas psicológica. Assim como fomos dependentes de nossos pais para nosso nascimento físico, também fomos dependentes de seu olhar convidativo para a libertação inicial de nossa vida psicológica. Foi em seu olhar continuado ou na memória dele que nossa vida se apoiou.

Agostinho acreditava que esse movimento do olhar fixo para a face — do impessoal para o pessoal — tinha implicações no desenvolvimento espiritual. Ele ilustrou os paralelos entre o crescimento psicológico e o espiritual no modo como estruturou as *Confissões*. O livro é dividido em segmentos fundamentados na cronologia de relacionamentos com indivíduos que pessoalmente tocaram seu coração. Começa com sua mãe, Mônica, continua com seus amigos e, finalmente, com seu mentor, Ambrósio. Ele mostra como foi pelos olhos dessas pessoas atentas que ele começou a entender o processo subjetivo e pessoal que também estava presente em seu coração. O cuidado profundo que essas pessoas tiveram por ele ajudou-o a desenvolver uma crescente estima pelo núcleo dentro dele que ele identificou como alma. Ele experienciou sua alma não só avivada pela presença dessas pessoas, mas reflexivamente estendendo-se para se unir com o núcleo de cada uma delas.

Esses relacionamentos foram centrais para seu despertar e seu desenvolvimento psicológicos, tornando-se tema principal no modo como ele entendia seu amadurecimento espiritual. Agostinho acreditava, antes de tudo, que no âmago do coração humano havia uma ânsia por intimidade. Ele aplicava essa ânsia psicológica por intimidade à dimensão espiritual. De seu ponto de vista, o desejo de que o que está mais profundo em mim se una com o que é mais profundo em você não é verdadeiro só nos relacionamentos humanos, mas também é o protótipo para encontrar o divino. Ele experienciou essa sede inata por comunhão verdadeira com o outro como a força que finalmente o levou para Deus, a mesma fonte da subjetividade amorosa. Como ele escreveu nas *Confissões*, "inquieto está o nosso coração enquanto não repousa em ti [Deus]".

Agostinho queria, acima de tudo, abrir seus olhos e levantar seu olhar para além do mundo necessário, mas míope de simples conforto físico de modo que ele pudesse ver a face de Deus. Assim como o núcleo da moderna psicologia pode ser ilustrado pela face humana, o núcleo do mundo espiritual de Agostinho pode ser muito bem ilustrado pela imagem pessoal e amorosa que ele vivenciou como a face de Deus.

Os protetores desempenham um papel integral no processo do desenvolvimento

A imagem do vir à vida pelo olhar de outro é o arquétipo do nascimento e do crescimento psicológicos e espirituais. Essa experiência começa auspiciosamente na companhia de nossos primeiros cuidadores. Ela está potencialmente presente na renovação e no desenvolvimento das pessoas durante toda a sua vida. Há um nome para esses indivíduos que se dispõem a se conectar com o coração de outro ser humano e libertá-lo do mundo individual para o mundo comum. Essas pessoas importantes podem ser chamadas de "protetores" e o relacionamento diferenciado que elas possibilitam pode ser visto como "proteção". As Igrejas há tempos reconheceram a importância dos protetores na dimensão espiritual. O sacramento do Batismo, que celebra a iniciação da criança na comunidade cristã, requer a presença de duas pessoas designadas como padrinhos. Essas pessoas mantêm a mão estendida abençoando essa nova vida que está sendo recebida na comunidade mediante sua família. Elas representam as intenções de toda a comunidade para manter aquela vida.

É importante distinguir protetores de pais, porque o avanço do desenvolvimento psicoespiritual infantil também dependerá de pessoas que estão fora dos limites da família nuclear. Até os pais mais envolvidos precisam da ajuda de outros a fim de efetivar o amadurecimento espiritual e psicológico de seus filhos. Esse processo complexo certamente começa na educação dos pais, mas também requer uma série de relacionamentos adicionais com várias pessoas que servirão brevemente, intermitentemente ou por períodos longos no papel especial de atender à vida interior da criança. A necessidade de tais indivíduos, tanto dentro como fora da família, é básica e primordial para o desenvolvimento psicoespiritual saudável. É tão fundamental quanto a necessidade de afeto. Nascemos dependentes da presença dinâmica de protetores para liberar a vida que existe dentro de nós.

Os protetores não dão a vida, mas a confirmam. Seu papel é garantir a vida que já está presente em cada pessoa ao nascer. Fazendo isso, eles assistem ao surgimento da presença subjetiva de outro ser humano e, com efeito, dão boas-vindas a ele no domínio comum. Essa presença testemunhal do protetor serve como catalisador, gérmen, agente transformador, o acompanhante inicial necessário para ajudar a construir uma ponte sobre o fosso entre o mundo interior da fantasia particular e o mundo exterior do compromisso público. Essa vida interior que o protetor afirma é referida em tempos modernos como *self*, mas muitas pessoas, como Charlie, ainda a chamam pelo mesmo termo usado no tempo de Agostinho: "alma".

Ao examinar sua vida, era bastante natural que Charlie começasse a identificar as pessoas que lhe haviam servido como protetores e censores. Infelizmente, ele encontrou um número limitado de protetores em sua história inicial. Em retrospecto, ele podia ver que os conflitos frequentes com sua mãe que caracterizaram sua adolescência eram compensados pela presença cuidadosa dela que o tinha confortado na infância. Embora se lembre de ter brincado com o pai, ele estava bastante ausente nas memórias iniciais de Charlie, provavelmente em razão das longas horas passadas no armazém. Ele se lembrava de poucos familiares que prestavam alguma atenção nele. Seu contato pré-escolar além da casa estava limitado aos familiares, cujas reuniões estavam aparentemente ligadas a férias e piqueniques de verão. Nenhuma de suas tias, nenhum de seus tios ou primos sobressaíam para ele. Havia memórias da missa de domingo e das atividades da igreja, mas ele não se lembrava de ter sido tocado por nenhuma dessas atividades do grupo.

Charlie desenvolveu apreciação e gratidão pelo papel de sua mãe em nutrir algum sentido de vida interior para ele durante seus primeiros anos. Contudo, a chegada da irmã Gale, três anos depois de Charlie ter nascido, não apenas necessitaria da divisão da atenção da mãe, mas também marcaria o tempo em que ele dolorosamente "perdera a graça". Charlie nunca se livrou da percepção de que sua mãe preferia ter uma filha. Gale não se tornou uma companheira, muito menos a confidente que caracterizaria seu relacionamento posterior. Com essa escassez de pessoas compatíveis por perto e uma mãe distraída com um novo bebê, Charlie pôde entender melhor por que ele se sentia tão sozinho e, gradualmente, voltou-se para o domínio de tarefas externas para obter satisfações mais confiáveis.

A autobiografia de Agostinho e a psicoterapia de Charlie mostram várias importantes similaridades. Como muitas pessoas que reservam um tempo para examinar sua própria história, ambos tenderam a estruturar suas memórias em segmentos com base nas ligações com os outros. Cada qual foi capaz de distinguir pessoas significativas que desempenharam o papel de protetores e censores em suas vidas. Quando as experiências com protetores eram colocadas numa progressão cronológica irregular, essa linha do tempo oferecia uma perspectiva mais clara no processo desenvolvimental. O fio de conexão não estava ligado a pessoas, mas a um sentido interior de ação que lutava para vir à tona. O que mantinha todas essas experiências unidas era a presença da alma de cada homem, que estava expressando reações consistentemente positivas a essas pessoas que serviam de protetores.

Charlie e Agostinho estavam explorando suas histórias porque tentavam aprender com seus erros passados. Eles cometeram um erro comum. Ambos tinham negligenciado sua vida interior em tal medida que haviam subestimado essas reações nos outros. A razão para essa desatenção também era notavelmente similar. Ambos foram criados num lar onde havia apreciação limitada da vida interior. Eles aprenderam cedo que as recompensas estavam ligadas sobretudo ao domínio de desafios externos como escola e trabalho. Infelizmente, suas almas negligenciadas logo começaram a atormentá-los, de modo que continuariam inexprimíveis até bem mais tarde em sua vida adulta.

Foi só na meia-idade que ambos prestaram mais atenção a sua vida interior. À medida que exploraram suas ligações com os outros, eles puderam entender melhor a natureza comum de suas almas. Esse processo interior particular não podia ser integrado ao mundo interpessoal unicamente por seus esforços. Não existe essa coisa chamada ***self-made man***. O surgimento de suas almas dependia dos atos afirmatórios da hospitalidade psicológica provida por outra pessoa. Nos anos iniciais de suas vidas, infelizmente, essas oportunidades foram limitadas.

Escrever uma autobiografia ou fazer psicoterapia são excelentes maneiras, para qualquer um de nós, de traçar o caminho de surgimento de nossa alma. Às vezes, ajuda começar de fora e trabalhar. Fazemos isso examinando nossa história pelas lembranças de pessoas que estiveram presentes por intervalos breves ou períodos mais longos e agora ficam em retrospecto como aqueles que tocaram nosso coração. Esses indivíduos, em cujos olhos vimos ao mundo, nos fornecem um tipo de herança todo novo. É um conhecimento que, de fato, poderia ser ilustrado na forma de uma árvore genealógica. A alma tem uma linhagem ancestral própria. O mapa de seu nascimento similarmente é marcado por "mães" e "pais" que ajudaram no processo de seu surgimento no mundo. Essas pessoas especiais incluem nossa própria árvore genealógica de protetores.

As *Confissões* de Agostinho proveram-no com um registro escrito que ele pode bem ter colocado em um lugar de honra para lembrá-lo de todas as pessoas especiais que ajudaram no surgimento de sua vida. Nossa própria herança pessoal de protetores também pode ser encontrada à mão. Eles podem ser aqueles das fotografias penduradas em nossas paredes ou postas sobre nossas escrivaninhas. Às vezes, o melhor lugar para começar a procurar protetores é o álbum de família. Em algum lugar, há fotografias desses indivíduos estimados que estavam lá quando precisamos deles. Olhando para eles novamente, lembramos de seu olhar convidativo. Sempre que pudermos identificar a presença desses protetores, poderemos mais facilmente traçar a progressiva emergência de nossa alma.

O relacionamento com o protetor requer segurança: os anos de infância

O relacionamento com o protetor começa com a segurança. Da perspectiva psicológica, a questão da segurança é fundamental em qualquer relacionamento. A primeira coisa que uma pessoa deve a outra numa relação é segurança. Nenhum nível de intimidade pode ser sustentado e nenhum conflito pessoal pode ser resolvido num ambiente em que não há segurança. Quando existe algum tipo de ameaça num relacionamento, a alma não se manifesta.

A experiência da segurança não se limita apenas à ausência de abuso físico. A segurança também requer a ausência de qualquer tipo de ofensa verbal. Dizer palavras insultuosas, fazer críticas hostis e levantar a voz a ponto de intimidar são exemplos de comportamentos que comprometem a segurança. Do mesmo modo, expressões não verbais de menosprezo, tais como o tratamento silencioso ou o afastamento emocional, são essencialmente tentativas de manipulação e controle que não têm lugar em relacionamentos respeitosos. Nossa primeira responsabilidade como cuidadores é proporcionar segurança àqueles que estão sob nossos cuidados.

O relacionamento entre adultos que moram na mesma casa fornece o quadro emocional para o desenvolvimento das crianças. Alguns psicólogos referem-se a esse quadro emocional como o "ambiente de influência" da família. É nesse ambiente de influência que o encorajamento da futura geração começa. O modo e o nível como os pais administram com segurança seus próprios relacionamentos assim como entre seus filhos têm consequência direta na liberdade de cada criança de crescer.

Charlie cresceu em um ambiente em que os aspectos funcionais de sua família estavam adequadamente organizados e ajustados a suas necessidades básicas. A base para a estabilidade emocional no lar era fornecida principalmente por sua mãe. Embora seu pai trabalhasse muito e fosse um bom provedor, ele era exigente e emocionalmente volúvel em casa. Ele era especialmente crítico com a mãe de Charlie e respondia com censura ou períodos de silêncio punitivos se as coisas não o satisfizessem. Charlie referia-se a esse comportamento como seus "acessos silenciosos de cólera". Ele considerava o pai um modelo de sucesso no trabalho, mas em casa tinha medo dele. Olhando para trás, ele reconhecia como desenvolvera um modo consistente de lidar com esses medos de seus primeiros anos de infância. Ele se mantinha discreto em casa e se concentrava em suas conquistas na escola para agradar o pai e evitar sua ira.

O pai de Charlie geralmente era mais hostil do que enraivecido. Há aí uma diferença importante. A raiva é um sentimento normal que aparece de vez em quando em qualquer relacionamento. É bom para ambas as partes quando a raiva é posta em palavras. Se expresso de maneira saudável, o sentimento de raiva é claramente nomeado e combina com o incidente que o causou. Essa equiparação de sentimento e acontecimento na expressão interpessoal da raiva é similar ao mesmo emparelhamento de sentimento e acontecimento aprendido nos estágios quatro e cinco de nosso processo psicológico interno. Quando é expresso desse mesmo modo não crítico, podemos comunicar mais claramente nossa própria dor e o modo como está conectada com comportamentos específicos da outra pessoa.

A hostilidade é nociva e dá à raiva uma má fama. A hostilidade é a expressão de sentimentos de raiva que tem a intenção de ferir a outra pessoa em vez de comunicar a própria dor. Nos termos de Rogers, a hostilidade poderia ser vista como uma raiva pré-reflexiva. Em seu nível mais primitivo, a raiva não é expressa porque é ignorada, negada ou manifestada em estados de espírito sombrios. No nível seguinte, os sentimentos de raiva aparecem de modo que põem a outra pessoa na defensiva, tais como a censura, a crítica hostil ou ameaças. Quando ela chega a ponto de usar a culpa, a raiva é expressa com punição. O tratamento silencioso ou outras tentativas de manipulação para intimidar pelo abandono são exemplos de comportamentos hostis de natureza punitiva nesse estágio.

O comportamento do pai de Charlie é um bom exemplo de hostilidade. Ele usava o silêncio para punir sua mulher por suas supostas imperfeições em vez de expressar o que ele sentia. Suas críticas hostis e suas exigências fizeram mais mal a ela do que se ele tivesse comunicado o que sentia. Esses comportamentos, por sua vez, afetaram a segurança de toda a família.

Charlie sentia-se não só inseguro como confuso. Ele cresceu sem uma indicação de como poderia efetivamente comunicar algo tão básico como sua própria raiva. Todo mundo aprende na "escola da família". Cada família é uma instituição educacional em que as crianças aprendem pelo exemplo e pela instrução o curso básico em relacionamentos humanos. Há muitas lições importantes a ser aprendidas, entre elas, e não a menor, como conviver com a própria agressão. A "escola" de Charlie forneceu-lhe não só um modelo pobre de aprendizagem, mas ambos os seus "professores" perderam sua autoridade moral para instruí-lo sobre esse assunto por administrarem inadequadamente sua própria agressão. Eles falharam em ajudá-lo a aprender, de maneira adequada, o complexo processo de expressar a raiva pessoal de um modo que se enquadrasse no mundo. A solução de Charlie foi a promessa silenciosa de não ficar com raiva. Ele aprendeu a acumular esses sentimentos e a obedecer porque essa era a melhor maneira que conhecia de se sentir seguro. Seus pais funcionaram mais como censores do que como protetores nesse importante processo.

Os problemas de Agostinho com segurança estavam mais ligados a sua educação formal. A entrada na escola elementar marcou o início de um período longo e difícil em sua vida. Fazendo uma retrospectiva, ele chegou à dolorosa conclusão de que seus pais estavam tão preocupados em ser bem-sucedidos que se esqueceram de lhe dar a proteção de que precisava para sobreviver num ambiente educacional rígido. Ele indicou suas primeiras experiências escolares como o ponto em que teve de prestar tanta atenção a sua segurança externa que acabou por abandonar sua vida interior.

Um modo de as pessoas mais pobres ascenderem na sociedade romana era mediante a educação. No caso de Agostinho, não só o currículo da escola era planejado amplamente com esse propósito básico, mas sua família vigorosamente também o obrigava a metas similares. Seu pai, Patrício, investia na mobilidade ascendente de sua família e investiu uma grande quantia de dinheiro na educação de seu filho, oralmente privilegiado. Sua mãe, Mônica, deu-lhe uma boa educação, mas o desenvolvimento espiritual também era prioridade. Em seu costumeiro papel de apaziguadora, contudo, ela se submetia à ênfase do marido no aperfeiçoamento acadêmico de Agostinho em detrimento de seus próprios valores. Agostinho percebia: "[eu] podia no futuro fazer bom uso desses conhecimentos que eles queriam que eu adquirisse [...]".

Nesse ponto de seu desenvolvimento, Agostinho não se enquadrava em um ambiente acadêmico com grande potencial. Ele demonstrava sua insatisfação exibindo problemas de comportamento na escola. Ele não era briguento; seu comportamento rebelde inicial, sobretudo, tomava a forma de não cumprimento passivo. Ele jogava quando devia estar estudando e provavelmente seria chamado no jargão de hoje de garoto inteligente, mas que estava "abaixo do nível desejado de desempenho" e "que não progride em suas habilidades".

O sistema escolar respondia de um modo que ameaçava seu senso de segurança. Eles tentaram corrigir esses lapsos de comportamento com punições. Agostinho recorda: "Fui enviado à escola para aprender as primeiras letras [...] mas, se me mostrava preguiçoso, era castigado a vara". Algumas dessas punições tomavam a forma de surras. Mas elas não conseguiram atingir seu propósito. Em vez disso, só serviram para engendrar medos que o indispuseram com a autoridade. Ele se refere aos anos de infância como um tempo caracterizado por "sofrimento e humilhação" desnecessários.

Seus pais, por sua vez, inadvertidamente contribuíram para sua perda de segurança. Seu grande desejo de que Agostinho tivesse sucesso pareceu cegar Mônica e Patrício, que não viam o sofrimento do filho. Eles ridicularizaram seu pedido de ajuda na escola. "Os adultos e até meus próprios pais, que não me desejavam o menor mal, riam-se dos açoites." Ele se sentia abandonado por toda a comunidade adulta. Agostinho refere-se a isso como o tempo em que começou a cortar de si toda a dor e todo o medo, fechando seu interior. Ele perdeu a ligação com seu núcleo emocional e se sentiu perdido.

Tanto Charlie como Agostinho sentiam que sua segurança não tinha sido adequadamente protegida em sua infância, o que acarretou enormes consequências. Agostinho datou o abandono de sua alma da época em que entrou na escola porque foi quando ele não pôde mais suportar sua dor. Seu foco subsequente no sucesso material retardou seu despertar espiritual. Charlie enfrentou o medo do pai desenvolvendo um estilo de autoproteção de "ler e agradar": ler os desejos do pai, então agradá-lo para evitar punição. Essa orientação externa o fez perder o contato com sua vida interior, que depois afetou uma importante decisão. Após a faculdade, ele passou por cima de seus desejos sinceros de ensinar, a fim de agradar o pai, aceitando o trabalho no armazém.

Charlie e Agostinho viveram cada qual sua versão de um mundo ameaçador que todos nós partilhamos. Como crianças, também dependemos daqueles que cuidaram de nós para criar ambientes de proteção em nossas famílias, escolas, igrejas e organizações cívicas onde pudéssemos crescer em segurança. Como adultos, a provisão de segurança é a primeira contribuição que damos para nutrir o crescimento daqueles que estão sob nossos cuidados. Como protetores, é nosso olhar afirmador que introduz aquela alma na comunidade onde encontrará vida.

cinco

A alma é enriquecida por uma comunidade em expansão

A alma continua a se manifestar no contexto de um círculo de relacionamentos cada vez maior. Esses relacionamentos começam na família nuclear, expandem-se nas instituições religiosas e educacionais e continuam na comunidade mais ampla. Cada novo encontro pessoal cria uma ocasião em potencial para que uma pessoa interessada ajude o desabrochar psicoespiritual da criança. Personalidades diferentes na comunidade estimulam diferentes partes da criança que facilmente podem passar despercebidas, mesmo no melhor dos ambientes paternos.

Pais e avós, tias e tios favoritos, irmãos, amigos íntimos da família e babás oferecem as primeiras oportunidades de tocar a vida interior da criança em crescimento. Essas pessoas também proverão uma continuidade para o mundo em expansão do jovem mediante sua presença nas transições de desenvolvimento, tais como aniversários, confirmações, festas da escola e formaturas. Em muitas famílias, esses estágios no caminho rumo ao mundo adulto não só são marcados quando ocorrem, mas também lembrados de tempos em tempos nas histórias e no humor dos parentes e amigos que participam desses acontecimentos.

É no melhor dos interesses da criança que os pais devem encorajar esses relacionamentos. No entanto, é importante também que, ao mesmo tempo, fiquem atentos para monitorar a segurança de cada nova ligação. Um modo de manter vigilância rotineiramente é estabelecer uma refeição que a família compartilhe e em que possa conversar sobre o que aconteceu durante o dia. Ao garantir logo cedo que a família não só coma junto, mas também mantenha uma conversação durante a refeição, os pais abrem um precedente para dividir experiências no círculo íntimo. A informação que emerge dessas conversas permite aos adultos estender sua atenção e sua supervisão para a segurança do ambiente de suas crianças à medida que ele se expande mais e mais além do lar. Mais importante, a mesa da refeição fornece um local em que as crianças podem esperar conversar sobre suas vidas num ambiente protegido pelo olhar confirmador de adultos que se importam com elas.

Quando o mundo de um jovem se estende para além dos limites familiares, as oportunidades para relacionamentos em que ocorre proteção e encorajamento são geralmente identificadas com pessoas que têm um papel na educação das crianças. Os primeiros adultos a desempenhar esse papel são os professores. Pergunte às pessoas para identificar um professor favorito e elas provavelmente não escolherão simplesmente o mais inteligente. Mais provavelmente, escolherão um professor a quem admiraram e que se empenhou numa ligação pessoal com elas. Elas descreverão como ficaram animadas para aprender algo novo por conta do interesse dessa pessoa nelas. As pessoas podem não relatar que fizeram as maiores realizações por causa dessa experiência, mas que se sentiram com uma curiosidade vívida que as levou um passo à frente na alegria pura do aprendizado verdadeiro. Não importa se durou pouco, o importante é que se sentiram vivas. O processo todo está ligado com a raiz do que a educação representa. A palavra "educação" vem do latim *e-ducare*, que quer dizer "fazer sair". Professores favoritos fazem o que todo protetor faz; eles nos fazem sair de nós mesmos. Ao fazer isso, eles favorecem uma ligação pessoal entre nossa vida interior e alguma parte do mundo maior a nossa volta.

Charlie teve muita sorte de ter encontrado uma freira especialmente interessada nele num período crítico de sua educação. Nos primeiros dois anos, era constrangedor para ele ter de ficar depois da aula e revisar as lições do dia. Ele logo percebeu, contudo, que a irmã Bernard estava interessada em algo mais do que escrever corretamente as palavras e melhorar sua pobre redação. Após uma de suas aulas diárias, ela disse que queria lhe dar um presente porque "ela podia sentir seu desejo de aprender". Ela lhe mostrou um livro sobre um garoto que jogava na primeira base, justamente como ele, e que sonhava em crescer e jogar naquela posição no Boston Red Sox[1]. Charlie se dilacerava enquanto me contava essa história. A irmã Bernard passou por cima de seu comportamento daninho e, com esse simples presente, mostrou-lhe que ela via o garoto que queria aprender. Como adulto, ele reporta seu interesse inicial por literatura a essa experiência. Isso o fez se especializar em inglês na faculdade. Ele me disse que jamais esqueceria a irmã Bernard — ele ainda se lembra dela em suas orações diárias.

As mesmas oportunidades de trazer à luz a vida interior de uma criança estão disponíveis para os membros de outras profissões de ajuda. Religiosos, enfermeiras, assistentes sociais, conselheiros, médicos e terapeutas também são profissionais treinados para um trabalho específico e podem ter consciência da possibilidade de que podem servir no papel maior de protetor de alguns daqueles que procurarem sua atenção. Muitos treinadores e líderes de escoteiros da mesma forma entendem seu potencial de tocar a vitalidade que reside dentro dos jovens sob sua influência. Alguns desses homens e mulheres que exercem esses papéis acreditam que ganhar um jogo ou aprender uma habilidade é importante, mas não tão importante quanto as lições de vida que eles estão tendo com atletas em seu time ou escoteiros em sua tropa. Essa atitude segue um longo caminho rumo a notar e abrir possibilidades de que algo mais possa acontecer. Pessoas que nos dão proteção mostram a importância de uma dimensão na vida tão merecedora de atenção quanto a promoção de realizações e o sucesso.

Essas pessoas fazem mais do que instruir, treinar, orientar ou guiar. Elas servem de mediadoras do desenvolvimento com seu interesse entusiástico pela vida interior da pessoa que está diante delas. Quando olhamos

---

1. O Boston Red Sox é um time norte-americano de beisebol. Primeira base é uma posição do jogo. (N. da T.)

para nossas próprias vidas, podemos identificar essas pessoas não como as que nos disseram o que devíamos fazer, mas como as que devotaram seu tempo a nos ver e ouvir como realmente éramos e somos. Elas tocaram algo em nós e nós nos tornamos vivos na presença delas. Sentimos sua consideração e começamos a entender que o que parecia tão inaceitável ou único em nós pode realmente ser bem-vindo e ter um lugar a ocupar na comunidade como um todo. Às vezes isso pode ocorrer sem qualquer intenção consciente da pessoa que está ao nosso lado. Mesmo as pessoas destinadas a nos ajudar, como religiosos, professores e terapeutas, frequentemente se surpreendem quando alguém mais tarde lhes conta algo que foi útil sobre seu envolvimento.

Destinados ou não, encontramos protetores em todo lugar em que se formam comunidades. Eles existem nas chamadas boas ou más vizinhanças. Podem ser de qualquer raça, religião, gênero, idade, condição socioeconômica ou habilidade física. Geralmente não são notados por seu carisma ou por aclamação. Alguns aparecem apenas num breve momento crítico, enquanto outros podem estar disponíveis por longos períodos de tempo.

A presença de protetores é universal porque a necessidade de testemunhar e ser testemunhado é universal. O desejo de tornar o conhecimento das coisas verdadeiro diante dos olhos dos outros se encontra não só no início do desenvolvimento humano, mas é intrínseco ao crescimento psicoespiritual durante todo o ciclo da vida.

Todo mundo precisa de testemunhas nas transições da vida. As formaturas, a saída de casa, mudanças, primeiro emprego, casamento, divórcio, nascimento dos filhos e aposentadoria são exemplos de marcos em que as pessoas estão mais vulneráveis. Muitas tomam decisões que afetarão o resto de suas vidas. Seja a pessoa uma criança, um adolescente, um jovem, uma pessoa de meia-idade ou um idoso, ninguém se liberta da necessidade de ter alguém para confirmar a importância interna de suas transições externas. De um ponto de vista psicológico, estamos mais propensos a nos virar para nossa própria alma para orientação quando estamos na presença atenta de uma testemunha.

Protetores são essenciais para a formação da identidade durante a adolescência

O início da vida da criança é basicamente preenchido com o processo de adquirir proficiência num incontável número de habilidades de que ela precisará mais tarde quando for adulta. No livro *Infância e sociedade*, Erik Erikson afirma que, depois do advento da puberdade e do domínio de algumas ferramentas e tarefas, a infância chega ao fim. É nesse ponto que começa a juventude.

Erikson acreditava que o maior desafio desse período de desenvolvimento é começar a descobrir uma identidade. Ele não apresentou uma definição precisa do que queria dizer com isso. Antes, ele descreveu como o processo mesmo é mais comumente evidenciado num conjunto particular de questões que muitos de nós nos lembramos de ter considerado seriamente quando tínhamos essa idade. "Quem sou eu?" "O que quero fazer da minha vida?" Essas questões relacionam-se com a fase de "visão" da formação da identidade.

A formação da identidade não é um processo estático, mas dinâmico, caracterizado por um sentido de futuro. Uma palavra que compreende este elemento essencial do futuro na identidade é ***visão***. A visão da identidade é uma contemplação imaginativa e criativa de quem queremos ser. Não é simplesmente "Quem sou eu?", mas "Quem eu quero ser?". Dessa forma, a palavra ***identidade*** não é um nome, mas um verbo, que será projetado no tempo futuro. Nesse estágio, a identidade não é racional, lógica ou prática. Frequentemente não passa de um pressentimento intuitivo.

Erikson mostra como esse processo de formação de identidade não está confinado a um monólogo interior, mas tem lugar na estrutura de um diálogo social muito mais complexo. Um tema recorrente em seu trabalho nessa área é a importância da "face" no desenvolvimento da identidade humana. Adolescentes solicitam a presença de adultos que se interessam por suas vidas. Erikson afirmou que, quando esses indivíduos preocupados estão ausentes, geralmente é o adolescente o primeiro a notar e criticar a sociedade moderna sem feições. Inversamente, quando os adultos usam o tempo para realmente se comprometer com os adolescentes, eles frequentemente ficam encantados com a apreciação expressa nesse contato face a face.

O foco de Erikson na face nos recorda mais uma vez a importância para a vida toda do "olhar" no processo de despertar de nosso *self* verdadeiro. O surgimento, o esclarecimento e a sustentação de nossa identidade têm lugar mediante uma série de diálogos interpessoais. Adultos que interagem com jovens e compreendem seu papel, além de aumentar uma habilidade, podem entrar nesses diálogos e participar como verdadeiros protetores do desenvolvimento psicológico e espiritual dos jovens sob seus cuidados.

Há muito tempo a Igreja está atenta à importância da formação da identidade na adolescência e em seu contexto comum. O sacramento da Confirmação é usualmente ministrado no início da adolescência, marcando assim a transição para essa importante fase do desenvolvimento. Antigamente, entre as características-chave desse sacramento estava a oportunidade daquele que o recebia de escolher um novo nome. A escolha de um nome significava o desafio de discernir a verdadeira identidade. O nome tradicionalmente era escolhido da lista dos santos. Ter o nome de um santo era um lembrete de que a visão de quem éramos podia incluir os ideais de quem aspirávamos ser. Ele também fornecia uma ligação com a linhagem daqueles que nos precederam em começar o trabalho interior de discernir a voz da própria alma.

Aqui também escolhe-se um protetor, um padrinho para representar a comunidade à medida que acompanha aquele que recebe o sacramento no passo seguinte rumo a sua caminhada psicoespiritual.

De acordo com o que sabemos sobre a formação da identidade, o papel desse padrinho torna-se cada vez mais efetivo se o acento do diálogo é colocado menos no que o padrinho pode dar e mais no que ele pode arrancar. Quando o desenvolvimento religioso limita-se a ensinar uma doutrina, então a fé torna-se sinônimo de crença. Um padrinho de verdade é uma testemunha, que tem mais perguntas autorreveladoras a fazer do que um conjunto de respostas a oferecer. "O que você está aprendendo sobre seu próprio caminho espiritual?" "Como suas ligações com os outros se enquadram na sua vida espiritual?"

Questões apresentadas dessa maneira fazem o jovem entrar em sua comunidade de fé de um modo muito diferente. Elas o ajudam a ver o território comum que compartilha com os adultos mais adiante numa busca espiritual deles. Ele aprende uma característica fundamental do desenvolvimento psicoespiritual: ao se tornar uma verdadeira testemunha da rica vida interior em sua própria alma, ele se junta ainda mais profundamente aos outros membros de sua comunidade. Juntos eles podem ser de alguma ajuda uns para os outros ao tentar abrir os olhos e levantar seu olhar coletivo para uma dimensão da vida que transcende eles mesmos e entra no domínio do espírito.

Agostinho sofreu de uma insuficiência de testemunhas nesse ponto de sua vida. Sua adolescência foi funcionalmente bem-sucedida, mas em grande medida psicológica e espiritualmente estagnada. Seu pai era um bom provedor, mas uma testemunha inadequada da vida interior de seu filho. O relacionamento de seus pais era dominado pelos afazeres de seu pai e por suas ofensas verbais. Agostinho manteve íntimas amizades com seus pares, mas não falava de ligações com familiares. Ele tinha principalmente medo e sentia-se afastado de seus professores. Qualquer incentivo ou apoio emocional por parte de um adulto parece ter vindo apenas de sua mãe. Sem ela, ele teria sucumbido. Embora ele creditasse a Mônica ter sido um dos primeiros protetores de sua vida espiritual quando ele era adolescente, ela representava uma Igreja que estava externamente longe de seu filho, e ela não era capaz de ensiná-lo como apreciar a joia interior.

Na adolescência, Charlie ia se tornando mais consciente das mudanças psicológicas e físicas que estavam acontecendo com ele. Ele tentava compreender o que estava acontecendo com seu corpo, mas sentia que não podia controlá-lo e não encontrava ninguém para buscar orientação. Ele se sentia embaraçado e confuso com seus sentimentos sexuais. As explicações que ele recebia na escola eram insuficientes, e todo mundo parecia estar entendendo a coisa toda muito melhor do que ele. Ele se sentia só.

Os pais de Charlie deram-lhe pouca orientação ou ensinamentos úteis. De fato, ele recordava uma experiência que tivera com eles que continuou a ser uma lembrança proeminente na maturidade e que ele sentia ter caracterizado a atitude deles diante de sua sexualidade. Quando ele tinha cerca de 16 anos, seu pai notou que ele estava tendo uma ereção. Sua resposta foi comentar rindo que ele não via a hora de ter netos. Mais tarde, ele contou à mãe de Charlie o acontecido em sua presença. Ela reagiu com alarme e apreensão. Charlie sentiu-se envergonhado e quase não pôde encará-los por semanas.

O pai de Charlie foi uma testemunha do despertar biológico da sexualidade de seu filho e seu relato zombeteiro trouxe ansiedade a sua mãe. Infelizmente, essas respostas são exemplos de como discussões sobre sexo na adolescência concentram-se exageradamente nas mudanças físicas e muito comumente ignoram os sentimentos e as necessidades do garoto. A resposta da mãe com alarme ilustra uma reação comum das autoridades diante da emergência da sexualidade masculina: preocupação e medo. Os comentários do pai e a ansiedade da mãe os impediram de perguntar a Charlie como ele sentia as importantes mudanças que estavam acontecendo em seu corpo. Ninguém fez nada para aliviar suas preocupações juvenis na realidade comum dos adultos em que poderia ter recebido orientação. Perdeu-se uma oportunidade.

Essa não foi uma experiência isolada ou única. Charlie referiu-se a outros exemplos menos dramáticos que confirmaram serem tais respostas típicas das reações de seus pais a sua sexualidade. A repetição desses temas muito provavelmente contribuiu para a formação das atitudes de Charlie diante do sexo. Ele aprendeu a processar o despertar de sua vida sexual com os olhos ansiosos de seu crítico interior. Isso estabeleceu o tom para décadas de medo, confusão, culpa e vergonha sobre ser uma pessoal sexual. Bem cedo ele aprendeu a esconder esses sentimentos em vez de discuti-los.

Justamente os adultos que serviram como protetores e mentores da vida social e intelectual de Charlie inadvertidamente também serviram como censores de sua vida sexual. A censura e a proteção começam do lado de fora. Algumas pessoas, frequentemente mais por ignorância do que por malícia, podem responder repetidamente de modo a confundir, retardar ou até inibir importantes transições no desenvolvimento dos jovens. Pais temerosos, religiosos que induzem à culpa e sistemas educacionais restritivos podem funcionar, com efeito, como censores que impedem o crescimento psicológico. Se censores chegam à vida de uma criança em períodos críticos de aprendizado, eles podem causar efeitos duradouros, porque suas vozes se internalizam e vivem na mente como uma força repressiva e confusa que se opõe à vida da alma.

Esclarecendo esse sentido de autoconsciência, ser uma pessoa sexua é somente uma parte de um amplo leque de temas que os adolescentes enfrentam durante o tempo de formação da identidade. Quando nós, como adultos, nos deparamos com o desafio de alimentar a emergência da vida interior dos jovens sob nossos cuidados, é útil saber que assuntos eles enfrentam em cada estágio de desenvolvimento. O psicólogo Alfred Adler apontou três áreas-chave para a construção de um senso de identidade pessoal: trabalho, relações íntimas (incluindo sexualidade) e relações de grupo. A expansão das noções de quem o adolescente se tornará nessas três áreas traz implicações para o presente e o futuro do desenvolvimento psicoespiritual.

Cada escolha aparentemente prática feita durante a adolescência está ligada a questões psicológicas e espirituais maiores. No âmago da formação da identidade de um adolescente está o discernimento das preferências de sua alma. Quando ele está explorando alternativas de trabalho, o valor dessas questões envolve preocupações práticas sobre encontrar um meio de vida. Do ponto de vista de sua vida psicológica e espiritual, ele está lidando com os devaneios de sua alma sobre a escolha de sua vocação: o que ele se sente "chamado" a fazer?

Suas questões sobre atração por outra pessoa têm a ver certamente com sexualidade, mas elas também envolvem a definição de preferências por compatibilidade e o aprendizado para abrir caminhos para intimidade emocional verdadeira nos relacionamentos. Essas preocupações estão relacionadas à dimensão maior dos desejos de sua alma de proximidade em amizades, a um possível compromisso de casamento e, em última análise, à qualidade de seu relacionamento com Deus.

Questões sobre atividades extracurriculares na escola devem enfocar a decisão de ou juntar-se ao fórum de discussão ou ao time de basquetebol. A escolha de uma coisa ou outra ajuda a definir e refinar as preferências de sua alma por grupos de identidade social. Considerar com prudência onde ele poderá verdadeiramente enquadrar-se tem implicações úteis para mais tarde na vida quando se deparar com opções similares ao procurar comunidades compatíveis para sustentar seu avanço psicológico e suas necessidades espirituais.

Os adolescentes se beneficiam de conversas sobre esses dilemas com adultos atenciosos que já passaram por isso antes e reconhecem as implicações maiores das aparentemente pequenas decisões. Há muitas maneiras práticas de funcionarmos como protetores, incentivando os adolescentes a incluir a voz criativa de suas almas à medida que eles esclarecem o que querem enquanto tropeçam nesse labirinto de decisões. Em geral, os jovens não se beneficiam de julgamentos, análises ou avisos não solicitados que promovem privação prematura desse processo vital. Em nosso próprio desenvolvimento, a maioria de nós não achou proveitoso quando algumas pessoas disseram que nossos sonhos sobre um emprego eram "irreais", que nosso melhor amigo era "inferior" ou que tínhamos de aguentar até o fim no grupo do qual escolhemos participar.

Os pais cooperam durante esse período de desenvolvimento encorajando os adolescentes a tentar diferentes alternativas, sabendo que há apenas um tempo limitado para discussões à mesa em que eles podem prover e monitorar o avanço do processo. Se determinado relacionamento não for uma ameaça à segurança de nosso filho e ele insistir em mantê-lo, ajudaremos mais deixando-o aprender com seus próprios erros. Podemos ajudá-lo a explorar o que ele quer em vez de criticá-lo. Com parâmetros de senso comum, é melhor permitir aos jovens experimentar e abandonar grupos e relacionamentos. Poderá ocorrer um aprendizado valioso se eles forem encorajados a compreender, desencorajados a agir por impulso e ajudados a explorar e aceitar as consequências. Será mais fácil para crianças e adolescentes aprender lealdade quando tiverem um senso melhor de onde escolherem ser leais.

O adolescente também aclara sua visão de quem ele é ao identificar-se com heróis e vilões. A escolha das fotos que ele põe na parede fornece uma série de ensaios mentais designados para testar como qualquer autodefinição atrativa pode não valer mais se desempenhada por muito tempo.

Em contrapartida, seus adversários estimulam o senso de quem ele é por contraste com quem ele não é. Figuras do esporte e do entretenimento assim como pessoas bem-intencionadas, até como nós, são às vezes escolhidas para desempenhar algum papel. Essas escolhas podem mudar com o tempo; o herói de hoje pode se tornar o vilão de amanhã. Se nós, adultos, compreendermos o processo psicológico que ocorre por trás dessas idealizações e desvalorizações, poderemos ver seu valor e não tomá-las tão pessoalmente. Dessa forma, poderemos estar mais bem equipados para ouvir e explorar o que tudo isso significa com menos crítica e defensibilidade.

Apesar de a formação da identidade ser uma preocupação primária e consciente dos adolescentes, o processo não começa nem termina nessa faixa etária. Como crianças, nossas primeiras escolhas e experiências de "ações" acontecem com brinquedos, nossa primeira "relação íntima" foi com nosso primeiro cuidador e nosso primeiro "grupo" teve lugar na ligação com a família. Como crianças, expandimos nosso mundo de ação e nossos grupos fora de casa quando entramos na escola. Pergunte a qualquer criança do ensino fundamental o que ela quer ser quando crescer e ela responderá demonstrando já ter pensado nisso. Diga-lhe para nomear seu melhor amigo e ela saberá exatamente o que você quer dizer e dará uma resposta para sua pergunta sobre intimidade. Na meia-idade, temos muito em comum com os adolescentes na medida em que fazemos um reexame mais maduro de nossas ações, de nossa intimidade e de nosso lugar na comunidade. Os padrões com os quais essas escolhas são agora julgadas não são apenas nosso sucesso e nossa felicidade, mas também quão bem elas se conformam à vida que imaginávamos quando éramos adolescentes. Quando nos aposentamos e envelhecemos, não ficamos menos interessados em fazer coisas que valem a pena, em amar alguém ou ser amados, em fazer parte de uma família, de uma Igreja ou de qualquer grupo que aceite e respeite nossa presença.

Charlie e Agostinho "formaram-se" na "escola do lar" para entrar no mundo com diferentes níveis de prontidão. Agostinho deixou sua aldeia para ir a uma escola de cidade grande em Cartago para estudar direito, principalmente porque era isso o que os garotos brilhantes faziam. Não havia uma vocação para um trabalho de sua preferência. Embora ele tivesse amigos próximos, o papel de uma comunidade era oferecer conexões para o sucesso. Externamente, para todo mundo ele parecia um jovem de sorte. Por dentro, ele se sentia perdido e insatisfeito. Embora Charlie não fosse acadêmico como Agostinho, ele entrou numa faculdade de Michigan com uma vocação. Atraído pelo magistério e interessado em literatura inglesa, ele teve um sentido de propósito que ocultou sua culpa e sua solidão. Ambos, no entanto, estiveram a ponto de cometer erros maiores em seus vinte e poucos anos, erros que poderiam ter sido evitados se tivessem aprendido a estar mais em contato com suas almas.

seis

A alma continua a se revelar na idade adulta

Nós queremos nos expandir. Foi isso que Rilke disse em seu poema "Seven": "Quero me expandir. Não quero ficar encolhido em lugar nenhum, porque onde estou encolhido, sou uma mentira. Quero captar verdadeiramente as coisas diante de você". Essas palavras captam o modelo de desenvolvimento para toda uma vida; nossa alma almeja vir à tona e ser vista. É um poema perfeito para quem está com vinte e poucos anos. A tarefa central de desenvolvimento do jovem adulto é revelar os desejos reais de sua alma nos relacionamentos e no trabalho.

Assim como o trabalho psicoespiritual da adolescência é esclarecer um sentido de identidade pessoal, o desafio dos 20 anos é revelar essa identidade numa nova e única vida. As escolhas e decisões feitas pelos jovens funcionam melhor a longo prazo se elas se conformam às visões de identidade adquiridas durante a adolescência. Assim como a adolescência é um período de discernimento, a idade adulta é um período de comprometimento.

Estatisticamente, é na faixa etária dos 20 anos que a maioria das pessoas se compromete num primeiro relacionamento e faz escolhas sobre o campo de trabalho que seguirá posteriormente. O desafio nesse período é fazer esses comprometimentos com visão binocular. Um olho deve estar voltado para as escolhas práticas do mundo externo. O outro deve ficar atento à alma, que fornece a visão de quem estamos para nos tornar.

A chave do sucesso aos 20 anos é não ficar parado. O curso que seguimos tem muito em comum com a época em que aprendemos a andar. O paradigma educacional é o mesmo: tentativa e erro. O processo inevitavelmente envolve tropeçar, o progresso raramente é linear, leva tempo e geralmente põe os pais e os protetores nervosos. Os 20 anos são frequentemente um tempo em que a velha máxima se confirma de maneira alarmante: Não existe um caminho, o caminho se faz ao caminhar.

Lidar com esse período de desenvolvimento do jovem adulto requer paciência de ambos os lados. O jovem deve aprender a tolerar as ambiguidades de sua visão e tentar se comprometer a caminhar na tênue linha entre ser fiel e ao mesmo tempo flexível ao realizar sua visão. Ele deve enfrentar o medo e ter coragem de tentar. Ele deve observar o sucesso, admitir os fracassos e saber o momento de rever sua estratégia se o plano corrente não estiver funcionando.

É melhor que os pais e protetores não ofereçam ajuda excessiva. Eles devem reconhecer que a ajuda não precisa necessariamente ser material ou funcional. Ouvir e encorajar quando o jovem está desencorajado ou precisa fazer opções é igualmente importante. Às vezes é melhor não interferir dando conselhos ou oferecendo recursos, a menos que se seja consultado ou a situação torne-se perigosa. Muitos problemas de longo prazo são causados nesse período de desenvolvimento por adultos bem-intencionados determinados a "ajudar" porque eles mesmos estão envolvidos em que os filhos evitem erros ou sigam um caminho regular. No aprendizado de tentativa e erro, se privamos alguém de cometer erros, inibimos seu progresso. Nós, adultos, devemos ter muito cuidado para não pressionar aqueles que amamos a ter um relacionamento ou seguir uma carreira por causa de nossas necessidades. Da mesma forma, ajudamos a manter os pés de nossos adolescentes em movimento não estimulando indecisão prolongada.

O jovem adulto se depara com problemas quando não pode mais tolerar erros e fica tão ansioso que para de correr riscos razoáveis. Erikson diz que isso pode acontecer de duas maneiras: por dispersão ou fechamento.

A dispersão da identidade ocorre quando a pessoa lida com sua aflição diante de uma indecisão prolongada sobre objetivos a longo prazo. Em outras palavras, essas pessoas ficam como que paralisadas e o processo todo para. O fechamento da identidade ocorre quando o jovem lida com sua aflição alcançando uma "solução" prática. Por exemplo, ele escolhe uma pessoa conveniente ou razoável para casar ou uma direção de trabalho a seguir porque é hora de fazer isso. Se escolhas úteis forem suficientemente compatíveis com a visão de sua alma, então ele deve estar em seu caminho por pura sorte. Se suas escolhas forem oportunas, como foi o caso de Charlie e Agostinho, então o passo pode ser ajustado para problemas subsequentes.

Cada um desses homens resolveu os desafios de desenvolvimento em seus 20 anos empregando o mesmo infortunado processo: o fechamento da identidade. Charlie tomou decisões aos 22 anos que simplesmente eliminaram qualquer caminho relacionado com sua visão de adolescente de se tornar professor. Agostinho foi forçado por problemas financeiros a seguir uma carreira prática que o privou de olhar um grande leque de opções que teria estado aberto para ele.

A decisão de trabalhar no ramo varejista de alimentos permitiu a Charlie dar o passo seguinte num caminho familiar que marcou seus trabalhos depois da escola e no verão desde os 16 anos. Ele teve sorte de ter encontrado Joyce no penúltimo ano na faculdade, e ambos sabiam que queriam casar logo depois de se formarem. Como contadora, ela poderia trabalhar em qualquer lugar, e estava disposta a voltar para sua cidade. Depois que os dois meninos nasceram no final de seus 20 anos, Charlie começou a frequentar a mesma igreja católica em que ele havia crescido. Mais tarde ele percebeu como a escolha de seu trabalho forneceu-lhe uma plataforma segura e conveniente para lançá-lo na vida adulta, mas que negligenciou completamente a visão de sua alma de ser professor, levando-o a um caminho arruinado pelo descontentamento nos anos vindouros.

O pai de Agostinho morreu quando ele tinha cerca de 18 anos. Isso precipitou uma crise financeira que teve implicações em suas escolhas de trabalho na fase seguinte de desenvolvimento. Ele se sentiu pressionado a ignorar várias possibilidades de trabalho. Ele optou por prestar os exames para se tornar professor. Isso permitiu-lhe arranjar um emprego e assim aliviar sua mãe da carga financeira de sustentá-lo.

Aos 20 anos, Agostinho deixou Cartago e voltou para Tagaste, para começar sua carreira de professor de gramática e retórica. Levou consigo uma mulher que lhe tinha dado um filho de nome Adeodato. Quase imediatamente ele entrou em conflito com sua mãe. Católica devota, Mônica estava profundamente triste por seu filho ter deixado a fé. Suas diferenças chegaram a ponto de ela não se sentar à mesa com ele. Após um ano, ele e sua companheira deixaram Tagaste e voltaram para Cartago, onde ele se estabeleceu até o fim de seus 20 anos. Ele trabalhou como professor e ajudou a criar seu filho, enquanto sofria do que ele mais tarde descreveu como um constante senso de "inquietação".

Charlie e Agostinho tinham então tomado decisões sobre trabalho e sobre um relacionamento inicial que são consideradas marcos externos para realização das tarefas psicológicas associadas com a idade adulta inicial. Charlie casou-se com Joyce e assumiu o trabalho de ajudar seu pai nos negócios da família. Agostinho iniciou sua carreira de professor. Embora não estivesse casado formalmente, ele realmente se comprometeu com uma monogamia sexual e a participar na criação de seu filho.

Cada um deles estava entrando em sua versão do período de desenvolvimento adulto. Esse é um período em que a vida cotidiana geralmente tem uma rotina e é vivenciada por muitos homens como mais estável e previsível que o período de transição dos 20 anos. O nível de conforto psicoespiritual dos 30 anos depende em grande medida de as escolhas feitas no amor e no trabalho estarem em conformidade com as visões de identidade colhidas durante a adolescência.

O desafio da idade adulta é "manter o mundo"

São sinais exteriores de maturidade comprometimentos no trabalho e em relacionamentos amorosos, assim como a participação em grupos sociais e comunidades religiosas que sustentem essas escolhas. Essas decisões conduzem o adulto inexperiente a um círculo de obrigações com novas responsabilidades sociais. Os desafios seguintes são diferentes dos anteriores porque essa expansão de responsabilidades requer um ajuste mental inteiramente diferente.

Os fatores determinantes na transição para a idade adulta não se limitam aos aspectos externos e cronológicos, incluem também os subjetivos. Mudanças externas no amor e no trabalho levam a uma mudança no mundo interno. A pessoa que passa por esse processo sente que não está simplesmente começando um novo conjunto de deveres, mas também assumindo um papel social novo. Isso equivale a um entendimento, que normalmente ocorre em algum momento durante a fase inicial da idade adulta, de que ela agora faz parte da "geração no comando". Esse reconhecimento subjetivo marca a passagem de desenvolvimento, o que requer tomar uma atitude diferente à medida que se aceita a nova identidade como adulto.

Erikson descreve essa transição para o mundo adulto como o movimento do funcionar principalmente numa posição de "aprender" na sociedade para uma em que há um maior compartilhar de "ensinar e instituir também". Ele usou uma frase bastante dramática para descrever os desafios encontrados por todo aquele que dá esse próximo passo no desenvolvimento. Referiu-se a isso como entrar na geração daqueles que agora estão responsáveis pela "manutenção do mundo".

Erikson não quis dizer com essa frase solene que se deve fazer algo grandioso ou atingir uma posição elevada. A condição social não está em questão aqui. Não importa se o novo sentido de responsabilidade envolve realizar tarefas julgadas importantes ou desprezíveis pela sociedade. Erikson estava tentando salientar o fato de que grande parte dos estímulos em qualquer comunidade é feita pelos membros que alcançaram a faixa etária dos 30 aos 60. Antes dessa idade a maioria das pessoas ainda está aprendendo as regras. Algum tempo depois dos 60 anos, a maioria inicia o processo de transmitir as regras para a geração seguinte.

É a aceitação interna gradual de que se está encarregado de algo e se é então responsável por manter o mundo que marca a transição para a vida adulta. A década dos 30 anos é geralmente a época em que o crescimento anterior se consolida. As decisões tomadas aos 20 anos são refinadas no dia a dia. A atenção dos jovens adultos volta-se para ajustes no trabalho e acomodações para manter uma vida marital e familiar. Até certo ponto, a satisfação aos 30 anos depende de dois fatores. O primeiro é observar em que medida as escolhas no campo do amor e do trabalho são compatíveis com a pessoa interna que se sente que é. O segundo envolve a boa vontade de dispor de tempo e esforço para o trabalho e a intimidade se desenvolverem. A atenção que se dispensar a essas duas áreas dará as bases para os anos futuros de vida adulta.

Embora Agostinho e Charlie fossem adultos bem-sucedidos, ambos sentiam-se bastante descontentes em seus 30 anos. Infelizmente, nenhum deles reservou um tempo para examinar as raízes de sua insatisfação. Eles simplesmente tentaram resolver suas dificuldades convertendo-as em problemas externos e fazendo ajustes inadequados em seu dia a dia.

Apesar de seu sucesso, Charlie tinha um sentimento inoportuno de infelicidade. Às vezes ele pensava se seu trabalho estava no caminho certo, mas não queria encarar a possibilidade de ter cometido um erro ao escolher o negócio da família. Consequentemente, resolveu sua insatisfação interna convertendo-a em um problema externo. Ele resolveu o problema renovando seu compromisso com o armazém e jogando-se ainda mais vigorosamente no trabalho. Isso, infelizmente, agravou seus problemas. Ele passou a ficar mais tempo longe de Joyce e dos meninos, o que gradualmente contribuiu para a deterioração de seu casamento.

Agostinho estava ficando cada vez mais desencantado com o processo todo de ensinar. Contudo, em vez de ver essa reação como um reflexo de algo dentro dele, culpou inteiramente os alunos. Sua queixa era de que eles eram um bando de desordeiros desmotivados. Isso pode ter sido verdade, mas dizer que se tratava apenas de um problema externo desviou-o de olhar o que estava acontecendo em seu coração. Ele resolveria esse problema arranjando outro emprego. Deixando sua família para trás, ele partiu para Roma para procurar moradia e um emprego melhor. Estudantes italianos certamente seriam melhores que os norte-africanos.

Logo que chegou a Roma, as coisas pioraram. Agostinho viveu um drama que o imobilizou de várias maneiras. Ele ficou gravemente doente e quase morreu. Longe da família, de seu grande grupo de amigos e da distração de seu trabalho, Agostinho, que era normalmente sociável, acabou passando todo o tempo sozinho. Nas horas ociosas, ele se viu arrastado contra a vontade para dentro de si mesmo, onde se deparou com as lembranças de seus conflitos passados.

Ele não gostou do que viu. O primeiro encontro com seu mundo interno foi dominado pela culpa. Para começar, ele tinha tratado mal sua adorável mãe. Ele mentira para ela, fora ingrato diante de seus sacrifícios e reagira a sua crença religiosa sincera com condescendência. Ele recordou sua própria história de arruaça na escola e desrespeito até por autoridades prestativas. Ele tinha roubado de seus vizinhos e participado de uma gangue que agia com violência. E mais, ele racionalizara muito desse comportamento, vendo-se como uma exceção às regras porque era especial e mais inteligente que os outros. Mais tarde ele identificaria essa atitude como seu "orgulho".

Sua longa doença, com a ameaça de morte pairando sobre sua cabeça, prolongou e intensificou a caminhada interior de Agostinho. Posteriormente, ao escrever as *Confissões*, ele identificaria essa época como marco em que pela primeira vez ele mudara sua atenção do mundo exterior das tarefas e dos estudos intelectuais para a vida interior de sua psique. Foi um período de intensa dor física e psicológica, nascida na solidão e chegando ao desespero.

Do ponto de vista da moderna psicologia, podemos ver como Agostinho estava fazendo uma importante mudança em seu processo psicológico. Acostumado a olhar para sua experiência pelas lentes do segundo estágio de Roger (a vida acontece do lado de fora da psique e pode ser resolvida como um problema externo), ele tinha se deparado com seu mundo interior. Como Charlie, o primeiro encontro com seu mundo interior foi dominado pela presença de sentimentos de culpa. Agostinho tinha então mudado para o estágio três do processo psicológico, e o "crítico" estava fora com força total. Tudo era simplesmente bom ou ruim, certo ou errado. Sozinho e sem a visão mais ampla de uma "testemunha" piedosa em sua vida, a angústia mental deve ter parecido um pesadelo interminável.

O tempo passou, Agostinho recuperou a saúde e começou um novo trabalho de professor de gramática e retórica em Roma. A experiência psicológica que ele sofrera durante a doença permaneceu em sua memória, mas ficou em segundo plano. Sua mente se voltou de novo para o exigente trabalho de preparar aulas e lições. Logo ele descobriu que a grama não era mais verde em Roma. Os estudantes de lá também apresentavam problemas de disciplina. Ele estava ficando sem esperanças de encontrar um emprego de professor em que pudesse se concentrar no trabalho de classe e precisasse prestar menos atenção em manter a ordem. Ele começou a se inquietar e até a questionar sua escolha de carreira. Contudo, ainda não estava pronto para perseguir aqueles sentimentos e dúvidas a fim de traçar sua origem dentro de si mesmo.

Após apenas um ano em Roma, Agostinho soube que havia uma vaga de professor de literatura e retórica em Milão e imediatamente solicitou a vaga para si. Ele foi aceito e rapidamente mudou-se uma vez mais. Não sabemos se ele tinha consciência de que essa mudança podia ser também um reflexo de uma transição interior. Contudo, quando viajou para Milão, deve ter pelo menos suspeitado de que sua inquietação não poderia ser resolvida simplesmente fazendo mudanças geográficas. Esses sentimentos de descontentamento viajaram com ele de Cartago para Roma e certamente o seguiriam em sua próxima viagem. Ele agora fazia seu caminho com uma nova consciência do poder que residia dentro dele. Em Milão finalmente ele descobriria alguém que o ajudaria a desenvolver sua vida interior.

sete

Despertar espiritual e conversão na vida da alma

Agostinho chegou a Milão com 30 anos. Depois de dois empregos decepcionantes consecutivos, esta era sua terceira cidade e seu terceiro emprego. Além disso, a relação com a mãe aparentemente ainda estava tensa. Questionando sua carreira e o relacionamento com a mulher com quem vivia, Agostinho carecia de uma visão futura tanto do trabalho como da vida. Ele estava profundamente desolado.

Ele realmente se beneficiou da presença de uma pequena comunidade, composta de dois velhos amigos, que dividiam o laço comum de frustração com suas vidas correntes e a busca por um futuro mais significativo. Esses homens se juntaram a Agostinho em Milão "unicamente para viver [...] na busca apaixonada da verdade e da sabedoria". Tratava-se realmente de um exemplo de sofrimento que aproxima as pessoas para procurarem respostas para problemas comuns. "Éramos como três famintos, que desabafavam entre si a própria miséria."

Agostinho se mantinha com seu novo emprego de professor de retórica para advogados. Contudo, sua maneira confiante e orgulhosa que caracterizara sua atitude na África do Norte tinha desaparecido. Desde Roma, sua atenção se voltara mais para sua vida interior perturbada do que para realizações externas. Ele descreveu a si mesmo como "perplexo", "confuso" e inclinado ao "desespero". Toda a sua dor emocional levou-o a fazer algo que ele nunca fizera antes — procurar ajuda para resolver seus problemas pessoais.

Logo após sua chegada, Agostinho foi à catedral local para ouvir um homem chamado Ambrósio falar. Ambrósio era bispo de Milão, um líder respeitável na comunidade e conhecido por suas habilidades de orador talentoso. Embora Agostinho tenha ido a uma igreja para ouvir alguém falar sobre assuntos religiosos, ele disse a seus amigos que estava frequentando a missa por razões profissionais. Disse estar procurando um estilo de retórica diferente e que não tinha interesse nenhum em religião. Após ouvir o sermão, Agostinho considerou o orador um homem instruído: "Suas palavras me prendiam a atenção. Mas o conteúdo não me preocupava". Apesar dessa morna avaliação, ele ficou suficientemente impressionado para voltar.

Ambrósio costumava ficar num canto da catedral após a missa, de modo que as pessoas podiam facilmente aproximar-se dele para falar de seus problemas. À medida que o tempo passava, Agostinho passou a ter vontade de conversar com ele. Começou procurando uma oportunidade de consultá-lo sobre suas "perplexidades espirituais". No entanto, normalmente havia tantas outras pessoas em fila esperando para falar de seus problemas que ele teve de esperar sua vez e vê-lo por encontros breves.

Após uma série de pequenas conversas particulares, Agostinho ficou ainda mais impressionado com ele. Em sua avaliação inicial de Ambrósio, considerou-o uma pessoa de gentileza genuína. "Comecei a estimá-lo, a princípio não como mestre da verdade, pois não tinha esperança de encontrá-la em sua Igreja, mas como homem bondoso comigo." À medida que passava mais tempo com Ambrósio, Agostinho ficava claramente mais ligado a ele. Ele até começou a descrever Ambrósio de um modo que refletia um crescente sentido de proximidade mútua: "Esse homem de Deus acolheu-me paternalmente". Agostinho tinha finalmente encontrado um "mestre da verdade", que o tratou com amabilidade e o compreendeu de tal modo que trouxe sua alma desesperada à vida.

Ambrósio tornou-se um protetor para Agostinho: a ponte entre seu intelecto e sua alma

As limitações externas do relacionamento entre Ambrósio e Agostinho contrastavam admiravelmente com o poderoso efeito generativo que começou a ter na vida psicoespiritual de Agostinho. Em primeiro lugar, não se tratava de um relacionamento pessoal, mas profissional. Em segundo lugar, embora eles continuassem a se encontrar por cerca de três anos, haveria relativamente poucos momentos privados passados juntos. Apesar dessas limitações, esse relacionamento estava se tornando o catalisador que deu vida a um poderoso processo na psique de Agostinho.

À medida que ele continuava a contar-lhe seus pensamentos e sentimentos problemáticos, um tema central surgia nos conselhos que recebia. A mensagem parecia simples, mas não era. Ambrósio repetidamente citava a passagem bíblica da segunda carta aos Coríntios, de Paulo: "[...] a letra mata, mas o Espírito comunica a vida" [2Cor 3,6]. Essa citação bíblica pareceu feita sob medida para um homem que lidara com a lei toda a sua vida como professor. Ambrósio percebeu que Agostinho tratava de seus problemas pessoais do mesmo modo como lidava com questões legais de sua profissão; tentava resolvê-los logicamente com sua mente.

Ambrósio concentrou-se nesse tema central aconselhando a Agostinho que ele não seria capaz de encontrar paz para seus pensamentos e sentimentos inquietantes se esperasse que fossem resolvidos com argumentos similares aos encontrados em manuais legais ou em algum tipo de prova concreta, que servem para um escrutínio científico. Se está procurando verdades para viver, você deve ir além dos confins do mundo racional e concentrar-se não só na mente, mas em sua totalidade. Se havia um conselho-chave que Ambrósio estava dando a Agostinho, ele seria resumido em algo como: "Pare de ser tão legalista e literal; acredite nos discernimentos do seu coração!".

Isso me lembra uma experiência que tive no meu primeiro ano como psicólogo clínico. Um homem que tinha acabado de se mudar para a cidade me procurou para fazer terapia. Depois de me contar os problemas que o traziam à clínica, que datavam de vários anos, perguntei-lhe se ele havia procurado ajuda antes. Ele disse que sim, que tinha visto alguém recentemente mas tinha sido apenas uma sessão, devido a sua mudança inesperada. Ele identificou o terapeuta em questão como ninguém mais que o conhecido psicólogo Rollo May.

Como passara meus anos de graduação lendo os livros desse homem, senti-me acanhado de seguir tão de perto os passos de tão talentoso clínico. Recuperando-me, perguntei-lhe o que então acho que foi uma boa pergunta: "Você aprendeu alguma coisa com ele que pode ser útil para nós?". Ele respondeu que no final da sessão o doutor May fizera uma observação que ainda estava viva em sua memória: "Em minha opinião, você pensa demais, e, se quisermos alcançar algum progresso, isso terá de mudar".

O conselho dado por Rollo May a meu novo cliente foi essencialmente o mesmo conselho inicial dado por Ambrósio a Agostinho. Foi também similar minha sugestão inicial a Charlie em sua primeira sessão comigo: "Não vamos tentar 'resolver' sua vida como se fosse um 'problema'". Pensamentos e sentimentos úteis surgirão por si mesmos apenas se você der permissão a eles e convidar sua alma a se manifestar. Durante esses momentos de recolhimento, explore suas experiências com questões que vão além de se elas são certas ou erradas, lógicas ou não razoáveis. Aborde seu mundo interno do mesmo modo como seu professor de inglês do colégio aconselhou-o a ler literatura: com uma voluntária suspensão de julgamento e incredulidade. Agostinho aprendeu como fazer e o transmitiu para nós bem no primeiro capítulo de suas *Confissões*: "Os ouvidos do meu coração estão diante de ti".

O relacionamento de Agostinho com Ambrósio ajudou a abrir toda uma nova vida para ele. Não foi a presença de Ambrósio como personalidade carismática que lhe proporcionou essa mudança. As experiências anteriores de Agostinho com figuras carismáticas tinham-no deixado desconfiado de pessoas que principalmente parecem arrastar outras como suas seguidoras. O papel de Ambrósio na vida de Agostinho seria mais bem descrito como catalisador. Esse tipo de pessoa estimula os outros a olhar frutiferamente para suas próprias vidas. Isso é exatamente o que um protetor faz. Protetores nos encorajam a prestar atenção em nós mesmos, não neles. Ambrósio funcionou como protetor de Agostinho porque o ajudou a ver e abrir o tesouro que havia dentro dele.

Infelizmente, devido a seu horário apertado, Ambrósio não tinha tempo de ajudar Agostinho com detalhes em seu autodescobrimento. Ele compensou isso apresentando-lhe ao homem que tinha servido como seu "pai" pessoal, uma ligação na herança ancestral de proteção que estava naquele momento sendo passada para outra geração. "Dirigi-me, portanto, a Simpliciano, pai do bispo Ambrósio." Essa introdução mostrou-se oportuna e o relacionamento tornou-se uma combinação excelente.

Simpliciano recomeçou exatamente onde o outro havia parado. Embora fosse ele mesmo um grande erudito, insistiu desde o início que Agostinho parasse de limitar a busca da verdade a seus velhos hábitos acadêmicos de abordar os problemas com o intelecto. Ele salientou a importância de aprender com a vida, prestando atenção nas próprias experiências pessoais. Simpliciano advertiu-o de que a verdade e o significado que ele procurara desde a adolescência estavam bem debaixo de seu nariz. Isso ficaria mais claro se ele reservasse tempo para examinar a narrativa de sua história pessoal única.

Agostinho aplicou essa abordagem reflexiva em todos os âmbitos de sua vida pessoal. As *Confissões* mostram como ele prestou íntima atenção a suas experiências cotidianas, combinando sentimentos e acontecimentos, do modo como muitas pessoas fazem hoje na moderna psicoterapia. Ele também fez uma aproximação similar da Escritura, prestando atenção a suas reações internas enquanto vagarosamente lia as palavras das passagens bíblicas. Simpliciano e Ambrósio acreditavam que a Escritura era um documento vivo que falava com cada um individualmente e que era importante prestar atenção nas respostas internas às palavras. Direcionar sua consciência para aquelas reações internas afastou Agostinho de sua mente e permitiu-lhe entrar na real subjetividade de sua alma.

Durante o tempo passado com Ambrósio e Simpliciano, Agostinho também continuava a desenvolver sua vida pessoal e de trabalho em Milão. Ele se concentrou na rotina de dar aulas na escola. Depois de se reconciliar com a mãe, ele a trouxe para Milão. Trouxe também seu filho, então adolescente, e sua companheira para viver com ele e seus amigos na nova cidade. Com o acréscimo de sua família e novos conhecidos, sua pequena comunidade cresceu.

Foi no contexto dessa estrutura externa mais estável e na companhia desses relacionamentos abnegados que Agostinho tomou uma decisão que mudaria o curso de todo esse processo. Ele resolveu interromper um longo hábito de resistir passivamente à inquietude constante de sua alma e começar a fazer esforços mais ativos para reconhecer e compreender o que estava se passando em sua vida interior. Ele anunciou sua decisão em termos muito práticos: "Tenho de achar tempo, tenho de repartir as horas, para ocupar-me com a salvação da minha alma". Essa afirmação marcou o momento decisivo de sua vida, a transição a que agora nos referiremos como sua "conversão psicológica". Esse passo tornou-se o prelúdio do que logo seria uma profunda experiência que o levaria a uma consciência da dimensão espiritual de sua vida. Agostinho partilhou a experiência de seu despertar espiritual nos capítulos sete e oito de suas *Confissões*.

Agostinho descreve seu despertar espiritual

Certo dia, em setembro de 386, Agostinho estava sentado em sua casa, lendo tranquilamente a Bíblia. Ele estava tentando meditar as Escrituras como Ambrósio e Simpliciano lhe tinham ensinado a fazer: com os olhos de sua alma inquieta. Naquela manhã, ao dar mais crédito às percepções de sua alma, ele se viu tendo uma nova experiência. O processo de ler estava se tornando lentamente menos uma análise intelectual e mais uma espécie de diálogo interior. Ele começou a sentir como se tivesse alguma coisa viva naqueles textos antigos que estava se elevando para se comunicar com algo vivo dentro de seu coração. Ele decidiu continuar a dar crédito a sua alma e depois entrar nessa experiência com os olhos dela. Ele nos diz que a primeira coisa que viu quando fez isso foi uma grande luz: "Instigado por esses escritos a retornar a mim mesmo, entrei no íntimo do meu coração sob a tua guia, e o consegui, porque tu te fizeste meu auxílio. Entrei e, com os olhos da alma, acima destes meus olhos e acima da minha própria inteligência, vi uma luz imutável".

O que Agostinho estava vendo com os olhos da alma era um lampejo de algo que ele mesmo podia descrever somente como de outro mundo: "Não era uma luz como esta, mas totalmente diferente das luzes desta terra. Também não estava acima da minha mente como o óleo sobre a água nem como o céu sobre a terra, mas acima de mim porque ela me fez, e eu abaixo porque fui feito por ela. Quem conhece a verdade conhece esta luz, e quem a conhece conhece a eternidade. O amor a conhece".

Ele então começou a ouvir. O que ele ouviu com os ouvidos da alma revelou a identidade da luz dentro dele. A voz se identificou como ninguém mais que o Autor do Ser e da Luz, a voz de Deus: "Tu me gritaste de longe: 'Na verdade, eu sou aquele que sou'. E ouvi como se ouve no coração, e já não tive motivo para duvidar. Mais facilmente duvidaria de estar vivo do que da existência da verdade, a qual se apreende através das coisas criadas". Agostinho estava então vendo e ouvindo a verdade que tinha procurado por tanto tempo. Não se tratava de um conjunto de ideias abstratas, mas de um Ser vivo.

Além disso, à medida que ele continuava a ouvir, escutava esse Ser vivo expressar o desejo de cobrir a aparentemente insondável lacuna entre eles e realmente se juntar a Agostinho num relacionamento. Isso foi ilustrado com a metáfora do pão. Agostinho experienciou Deus oferecendo-se para ser o pão que ele deveria comer: "Percebi que estava longe de ti, numa região desconhecida, e parecia-me ouvir tua voz do alto: 'Eu sou o pão dos fortes: cresce, e de mim te alimentarás. Não me transformarás em ti, como fazes com o alimento do corpo, mas te transformarás em mim'".

Por um instante, o véu do mistério havia caído. Agostinho vislumbrou outra terra — uma dimensão de experiência totalmente nova que estava ao mesmo tempo tão longe e tão perto. Sua primeira reação foi de admiração: "Foi assim que, num lampejo de comovida intuição, ela [a inteligência] chegou até aquele que é".

Agostinho vivenciou um desejo imediato e irresistível de aceitar o convite e de se juntar a esse Deus que ele tinha visto com os olhos da alma. A perspectiva era tão atraente que ele não queria fazer isso apenas por aquele instante, mas para o resto da vida. Ele tivera um lampejo e queria que sua vida fosse transformada do jeito que fosse para viver naquela dimensão espiritual e experienciar um relacionamento contínuo com Deus.

Agostinho parecia entender a distinção feita aqui entre uma conversão psicológica e uma conversão espiritual. Ele resumiu isso com estas palavras: "Não me transformarás em ti, como fazes com o alimento do corpo, mas te transformarás em mim". Em sua conversão psicológica, Agostinho aprendera a ouvir sua alma e transformá-la em seu alimento corporal, ou seja, discernir a orientação de sua alma e tentar incorporar o que ele aprendera em sua vida cotidiana. Alguns psicólogos do século XX, tais como Abraham Maslow, referiram-se a esse processo como "autorrealização". Na conversão espiritual, contudo, Agostinho não poderia mudar Deus nele mesmo. Melhor, deveria permitir-se ser tomado por Deus. O processo pelo qual isso podia acontecer era profundamente confuso para ele. Ele não sabia por onde começar.

A mensagem da visão era clara. Se ele escolhesse esse modo, seria Deus que serviria como protetor — a presença atenta no limiar —, oferecendo a mão que o ajudaria a atravessar o limite e entrar em outra esfera. Até sua alma deveria deixar sua autoridade e reconhecer Deus como o guia e a fonte última da verdade. Ele teria de se permitir ser transformado por Deus, que deveria ser tanto o iniciador como o meio. O processo todo seria uma dádiva que viria no tempo e à maneira de Deus. Isso requereria ainda o consentimento do orgulho e do controle, e um passo a mais para a confiança cega. Agostinho, que estava tão acostumado a mandar, sentiu-se desamparado e confuso. Como essa transformação ocorreria?

Agostinho narra sua conversão espiritual

William James, em seu conhecido clássico ***As variedades da experiência religiosa***, fala de "submissão" como o último passo no processo de conversão religiosa. Após ocorrer um encontro intuitivo com uma Presença acima de nós, o desejo de mudar a vida para viver sob o olhar dessa Presença pode ser irresistível. Tal transformação profunda, contudo, não pode ser realizada por mera vontade. Como diz James, o momento decisivo da conversão espiritual realmente requer exatamente o oposto — abandono da vontade. Numa conversão espiritual, o indivíduo deve submeter sua autoridade pessoal ao Poder Maior sentido por sua alma.

Agostinho descreveu sua experiência de submissão em termos consistentes com a progressão de seu despertar psicológico e de sua conversão. Num despertar psicológico, como vimos, a testemunha interior sente a presença do que poderia ser chamado de "alma" ou "*self*". Num despertar espiritual, é a alma que, por sua vez, se torna consciente da Presença que existe acima dela. Agostinho experienciou a Presença como um amoroso "Ser de Luz", que ele chamou de Deus.

A descrição de sua conversão espiritual também foi consistente com o que ele tinha passado antes num nível psicológico. As conversões psicológicas ocorrem quando a testemunha interior forma um relacionamento de confiança com a alma e a reconhece como um guia útil. Numa conversão espiritual, ocorre o mesmo relacionamento de confiança, mas em outro nível. Dessa vez é a alma que forma um relacionamento de confiança com a Presença que sente acima dela. A alma faz tamanho salto de confiança que submete sua própria autonomia e sua própria autoridade a esse Ser maior. Essa submissão completa, às vezes expressa com êxtase, caracteriza o último passo interior no processo de conversão espiritual. A isso se referem muitas vezes as Escrituras, e se resume numa simples frase que os cristãos rezam diariamente: "seja feita a vossa vontade".

Essa declaração de entrega confiante a um Ser Divino geralmente é expressa pelo ato físico de inclinar-se ou ajoelhar-se. Quando eu vivi na cultura islâmica do Peace Corps na África do Norte, frequentemente testemunhei a prática de inclinação profunda — prostração — que faz parte daquela tradição religiosa. Os católicos se inclinam ou se ajoelham quando entram em igrejas. Os budistas se inclinam não só nos templos, mas também saudando, reverenciando a Presença numinosa dentro de cada pessoa. O passo seguinte de Agostinho no processo de sua conversão espiritual será marcado externamente por um ato definido de prostração profunda, que expressa sua atitude de entrega confiante.

À medida que os dias e as semanas passavam após sua visão inicial, Agostinho esperava que algo acontecesse. Ele estava pronto para que sua vida se transformasse, mas não podia fazer isso acontecer por si mesmo. Ele começou a se sentir cada vez mais frustrado. Nesse breve período de tempo, ele começou a voltar para seus hábitos antigos: "Mas não fui capaz de fixar o olhar em ti e, sentindo renascer minha fraqueza, voltei aos objetos habituais. Eu guardava comigo apenas uma recordação amorosa e o desejo do alimento, cujo aroma sentira, mas que não podia ainda comer".

Ele continuou a se encontrar com Ambrósio e Simpliciano. Ambos o encorajaram a perseverar em suas leituras meditativas das Escrituras. Eles partilharam com Agostinho suas próprias experiências e as de outros. Esses homens deram-lhe mais do que apoio; eles eram exemplos equilibrados de vida espiritual em ação. Ele olhava para eles e eles, como seus protetores, o ouviam de maneira que sustentavam sua alma emergente. Agostinho encontrara seu caminho. Em 386 ele se confessou publicamente cristão. Esse reconhecimento teve um preço alto. O imperador Juliano tinha emitido uma nova lei proibindo aos cristãos o ensino de literatura e de oratória. Ele perderia o emprego e não praticaria mais sua profissão.

Um dia, quando Agostinho estava em casa expressando sua frustração a um amigo íntimo, Alípio, veio visitá-lo um compatriota, cidadão africano como eles. Enquanto eles conversavam, o homem viu uma cópia das epístolas de Paulo sobre a mesa. Ele disse a Agostinho e Alípio que era cristão e contou-lhes em detalhes a história emocionante da conversão de dois de seus amigos, que o tinha levado, por sua vez, a sua própria conversão espiritual.

Agostinho ficou profundamente impressionado com essa confissão pessoal. Depois que o homem saiu, ele disse a Alípio que sentia que estava sendo colocado "diante da [...] própria face". Ele foi confrontado mais uma vez com o mesmo dilema: "[...] grande luta interior que eu travava no íntimo do coração contra mim mesmo". Ele se sentiu determinado a fazer algo naquele momento mesmo para curar essa divisão dolorosa — não aguentava mais.

O normalmente sereno Agostinho sucumbiu às forças poderosas que irrompiam dentro dele. Ele saiu correndo para um jardim junto da casa onde eles moravam. Alípio foi atrás dele e encontrou seu amigo em um banco numa posição fetal, arrancando os cabelos e batendo na testa com os punhos. Ele repetia as mesmas palavras várias vezes: "Vamos, agora é preciso agir, agora!". Ele queria dar o último salto para o abismo com a confiança de que de alguma forma essa Presença estaria lá para recebê-lo. "Lança-te nele [Deus], e não temas. Ele não fugirá de ti, e não cairás. Atira-te sem reservas, e ele te receberá e te curará." Com essa declaração de fé, ele clamou e irrompeu nele "uma grande tempestade portadora de copiosa torrente de lágrimas".

Ele então se levantou e afastou-se de Alípio, adentrando num jardim mais afastado para que pudesse ficar só. Bem no meio desse jardim havia uma figueira. Agostinho correu e se jogou debaixo dela, dando livre curso às lágrimas. Deitado no chão, com as lágrimas jorrando e seu corpo em espasmos, ele se ofereceu a Deus. Num ato de última entrega, ele entregou toda a sua vida a Deus, completa e incondicionalmente. Naquele momento o antigo Agostinho, de fato, expirou. Isso era tudo o que ele podia fazer. Qualquer coisa que acontecesse depois seria trabalho de Deus, a expressão franca da compaixão de Deus, a resposta divina que os cristãos chamam de "graça".

Ao ler as *Confissões*, é importante reconhecer quando Agostinho quis que o entendêssemos por metáforas. Esse homem, afinal de contas, era um professor, impregnado da literatura clássica de seu tempo. Nesse caso, seu público teria tido consciência da importância simbólica dos jardins ao longo das referências bíblicas. Agostinho não teria encontrado uma imagem melhor que um jardim para descrever o encontro de sua alma com Deus. A moderna psicologia também reconhece que nossas experiências mais profundas estão essencialmente além das palavras. É por isso que quando a alma "fala", em sonhos ou experiências espirituais profundas, ela usa uma linguagem de imagens para comunicar o que é linguisticamente inexprimível.

Dessa perspectiva, o primeiro jardim, localizado mais próximo da casa, pode ter representado o mundo interior da alma inquieta e atormentada de Agostinho. Essa imagem lembra um dos ricos significados que a literatura judeu-cristã deu aos jardins. Embora lugares de beleza, eles também podem ser lugares de medo e sofrimento. No Éden ou no Getsêmani, por exemplo, os jardins oferecem o espaço simbólico para as transições em que o humano se encontra com o divino. Foi naqueles jardins que a questão última foi levantada: Você seguirá sua vontade ou a de Deus? Tradicionalmente, uma resposta afirmativa era expressa pela palavra latina *fiat* — "faça-se". A resposta de Agostinho foi sincera quando ele entoou: "Vamos, agora é preciso agir, agora!".

O segundo jardim — o jardim interno localizado mais longe da casa — pode ter sido a representação de uma dimensão ainda mais profunda da alma de Agostinho. Esse foi, para ele, o lugar onde encontrou o Deus da Vida. A presença de Deus foi representada pela árvore da vida, que crescia bem no meio do jardim.

Agostinho atirou-se aos pés da árvore. Esse simples mas poderoso ato de prostração aos pés de Deus foi sua maneira de comunicar o momento definitivo de sua conversão espiritual. Foi um ato de submissão confiante que representou o sacrifício completo e incondicional de sua própria vontade à vontade de Deus. Esse compromisso de total submissão permitiu que sua alma passasse acima da esfera do espírito e entrasse no banquete sagrado. Foi aqui que ele vivenciou a renovação nutritiva de sua vida que o preencheu com a luz divina e trouxe um sentido de paz tão profundo que acalmou seu coração inquieto: "Dissiparam-se em mim todas as trevas da dúvida, como se penetrasse no meu coração uma luz de certeza".

Em 1966, um monge americano chamado Thomas Merton escreveu um verso simples mas profundo em seu poema "All the Way Down" que expressava sua própria experiência do que Agostinho também deve ter encontrado 1.600 anos antes: "Eu vi o quarto onde a vida e a morte são feitas".

oito

A manutenção do mundo: o desafio da meia-idade

Não é de surpreender que Charlie e Agostinho tenham feito algumas mudanças em sua vida cotidiana após essas transformações internas. Também não é incomum que tais mudanças ocorressem quando ocorreram. Os 40 e 50 anos são um período da vida em que muitos homens fazem pequenos ou até grandes ajustes em seu trabalho e em seus relacionamentos amorosos. Na meia-idade, já se passaram anos suficientes para que se vejam as consequências de se tomar uma direção e resta tempo suficiente para fazer alguma mudança no curso das coisas. Aqueles que decidem modificar sua vida podem referir-se à descrição que Dante fez desse processo nas linhas iniciais da ***Divina comédia***: "Quando eu me encontrava na metade do caminho de nossa vida, me vi perdido em uma selva escura, e a minha vida não mais seguia o caminho certo"[1].

Da perspectiva desenvolvimental, a "metade do caminho" ocorre num período em que há uma interseção de desenvolvimento social avançado e níveis elevados de consciência psicológica. Erikson descreveu a progressão

1. DANTE, *A divina comédia*; disponível em: <http://www.stelle.com.br/pt/inferno/inferno.html>; acesso em 29 maio 2008. (N. da T.)

do desenvolvimento social saudável da formação da identidade do adolescente ("Quem serei?") à ativação dos desafios do jovem adulto ("Como vou desenvolver minha identidade?") e então na vida adulta ("Qual é meu papel na manutenção do mundo como um membro da geração no comando?"). Ele nos mostrou como cada nível se baseia no nível anterior e assim sucessivamente. Carl Rogers similarmente descreveu o desenvolvimento da consciência psicológica em uma série de estágios que demonstram como a alma se encontra no centro desse processo.

Na meia-idade, encontramo-nos na interseção dessas duas sequências de desenvolvimento. Compromissos sociais amorosos e de trabalho tornam-se mais rotineiros, deixando tempo para descansar, tomar fôlego, talvez até permitir à alma que se manifeste. Se tal introspecção é provocada pelo lazer ou provocada pela tragédia, a meia-idade é excelente momento para os homens analisarem em que medida as preferências de sua alma são realmente postas em prática nos compromissos que assumiram no amor e no trabalho. Essa interseção de desenvolvimento social avançado e consciência psicológica crescente é um ingrediente essencial especificamente característico da reflexão da meia-idade.

Outro elemento-chave é a consciência do tempo. Você pode dizer que está pensando como uma pessoa de meia-idade quando começa a refletir sobre sua vida mais em termos do tempo que lhe resta e menos do tempo que passou. Alguns homens vivenciam uma consciência clara da morte. Consequentemente, se você também sente, como Dante descreveu, que "não mais seguia o caminho certo", você provavelmente vivenciará a urgência de um desejo de mudança.

A doença de Agostinho em Roma provocou seu primeiro encontro real com a morte e suscitou sérias questões sobre o rumo que sua vida tomava. A perda do pai, a de seu casamento e de sua família, assim como a de seu relacionamento com Susan, levaram Charlie à terapia, em que ele se viu enfrentando o limite do tempo na esperança de recuperar suas intuições adolescentes de quem ele devia ser. Cada um a sua maneira, esses homens estavam enfrentando o que os psicólogos contemporâneos definiriam como uma transição para a meia-idade.

Quando os homens dão uma parada e convidam suas almas a se manifestarem na meia-idade, alguns se tornam menos interessados em somar pontos e mais inclinados a começar a ver suas vidas como uma viagem com tempo precioso. Eles podem admitir pela primeira vez os erros cometidos com os outros e com eles mesmos. Quando aprendem a relacionar acontecimentos exteriores com reações interiores, eles repetem um processo que foi essencial para a formação de sua identidade na adolescência e esclarece escolhas similares que estão sendo revisitadas no presente. O aparente caos do mundo interno pode aos poucos revestir-se de certa previsibilidade e certa integridade. Sentimentos, sonhos e fantasias são reconhecidos como a voz consistente e persistente da alma. Quando esses homens veem a utilidade da percepção de suas almas, eles podem começar a acreditar nelas. Isso leva muitos a reconhecer discrepâncias entre sua identidade interna e a realidade exterior de sua vida cotidiana. A dor de quando "não mais seguia o caminho certo" faz que alguns procurem mudar.

Carl Jung diz que é a *persona* que geralmente muda por último. *Persona* é a palavra grega para "máscara", e Jung usou esse termo para descrever o "rosto" exterior que apresentamos para o mundo. Ela geralmente é vista nas pequenas coisas, como as roupas que vestimos e o carro que dirigimos, mas também está presente no "rosto" de nosso papel público e no nível de ligação que temos com ele.

Usamos várias máscaras conforme as situações que vivemos, mas é perigoso quando elas nos separam de nossa verdadeira identidade. Ocorrem problemas se estivermos muito presos a essa função pública (sou psicólogo, ou professor, ou padre etc.). Tal identificação ao extremo, até para uma máscara mais semelhante ao que somos por dentro, ainda nos aliena de nós mesmos. Também pode haver problemas se nossa máscara exterior não combina com nossa identidade particular. Em qualquer caso, aquele que tem mais contato com as percepções de sua alma pode ver-se levando seu "rosto" público menos a sério. Ou pode querer mudar alguns de seus detalhes para dar-lhe mais espaço para expressar a pessoa que realmente é. É por isso que podemos nos pegar — ou a nossos amigos na meia-idade — fazendo algumas modificações em nossas pessoas ou posses. Estamos alinhando nossa máscara externa mais estreitamente com nossa identidade interior.

Ao referir-se a essas mudanças, alguns homens dizem jocosamente estar revivendo sua adolescência. Esse discernimento tem mais do que uma pitada de verdade. Sejam as mudanças da meia-idade forjadas na complexidade do trabalho ou dos relacionamentos amorosos, sejam simplesmente realizadas no modo como nos vestimos ou dirigimos, elas têm muito em comum com as primeiras fases de desenvolvimento quando tentamos entender quem realmente somos por dentro e como fazer essas preferências aparecerem no mundo exterior. Desta vez, contudo, temos a percepção tardia para ver o que deu certo e o que não deu e tempo para fazer algumas correções. Seja o que for que consideremos, é importante.

Charlie deu-se conta de como ele se identificara exageradamente com seu papel funcional de comerciante. Ao moldar sua vida pessoal para se enquadrar nessa identidade social, ele negligenciou os compromissos com sua família e consigo mesmo. Ele não tinha lutado pelo sonho de ser professor, nem tinha sido leal aos sonhos de casamento e família que ele e Joyce tinham imaginado quando namoravam. Seu coração encheu-se de tristeza por todo o tempo que perdera criando uma vida que o enquadrasse tão pobremente tanto no trabalho como no amor. Foi esse sentimento que o conduziu ao desejo de mudar de vida de qualquer maneira. O objetivo dessa vontade de mudar não era ser mais "bem-sucedido" ou até ser uma "pessoa melhor". Charlie simplesmente queria se tornar mais ele mesmo, a pessoa que ele sentia que era.

Inicialmente ele enfocou seu trabalho e começou cautelosamente. Charlie se inscreveu para ser professor voluntário de inglês oral básico para imigrantes recém-chegados do sudeste da Ásia. A preparação para dar esse tipo de aula exigiu que ele frequentasse um treinamento aos sábados pela manhã. Ele se especializou em métodos de ensino em sala de aula mais do que em cursos individuais, porque se lembrava do quanto gostara da experiência de lecionar na faculdade. Após completar o treinamento, Charlie concordou em dar uma hora de aula duas vezes por semana para um grupo que normalmente chegava a doze alunos.

Ao delegar alguns dos deveres do armazém e aplicar esse tempo em lecionar, Charlie sentiu mais energia e vitalidade do que ele tivera em anos.

Ele gastava horas preparando suas aulas, jocosamente descrevendo seu estilo de ensinar como "mais entusiástico que habilidoso", e ficava depois da aula para conversar com quem precisasse de ajuda. Era um ajuste perfeito. Charlie sentia-se como se "estivesse em casa". Ele via os alunos se tornarem mais interessados e compartilhava a excitação deles quando tentavam novas palavras no trabalho. Ele se especializou em ensinar vocabulário ligado ao comércio de alimentos. Quando o semestre acabou, ele se inscreveu para um segundo sem hesitar.

Charlie estava começando a se sentir menos "confuso" e "preso" em suas antigas rotinas. Como acontece frequentemente, quando você realmente libera uma parte de sua vida, você se pega liberando-a integralmente. Ele se tornou um pai mais presente para seus filhos. Não apenas como o "papai Disney" (aqueles pais separados que se destacam principalmente nos acontecimentos grandiosos), mas nas situações diárias básicas. "Se eu posso dizer algo sobre mim mesmo é que sou uma pessoa mais agradável", ele explicou quando lhe perguntei sobre o que estava ocasionando essa grande mudança. Realmente ele era. Charlie ainda não estava pronto para começar a sair com alguém, mas estava procurando um serviço de encontros pela internet recomendado por um amigo. Ele também tinha se juntado a um grupo de homens de sua paróquia que se encontravam aos sábados pela manhã no McDonald's para compartilhar suas vidas e falar sobre as leituras bíblicas para a missa de domingo.

Não vejo Charlie há anos. Quando falamos pela última vez, ele me pediu uma referência de diretor espiritual. Dei-lhe o nome de duas monjas de um mosteiro beneditino que eram treinadas nesse ministério. Não sei se ele continuou seus estudos para ser professor licenciado, ou se está saindo com alguém, ou se se encontrou com um conselheiro espiritual. Só sei que Charlie é um professor nato e certamente deve estar fazendo algo nessa área. Sei que ele começou um curso de paternidade que nunca acabará. Também estou confiante de que ele esteja pronto para sair com alguém de novo e que a próxima relação terá mais chances de dar certo. Sei que ele estará em boas mãos se procurar um dos nomes que lhe indiquei.

Meu otimismo se baseia no fato de que assisti à conversão psicológica de Charlie. Ele está no "caminho certo" e não voltará atrás. Como

Agostinho, ele agora planeja achar tempo e repartir as horas para ocupar-se com a salvação da sua alma. Qualquer um que tiver contato com Charlie se beneficiará de sua presença.

Agostinho nos contou em suas *Confissões* sobre a conversão de vida por que passou após sua experiência no jardim em 386. O processo todo envolveu um número de mudanças grandes por um período de cerca de dez anos. A primeira coisa que fez foi abdicar da posição acadêmica promissora que levara tantos anos para conseguir. Ele terminou um noivado. Ele deixou sua vida confortável e bem estabelecida em Milão e voltou para sua cidade natal no norte da África. Ele se tornou um membro atuante de sua Igreja e finalmente foi ordenado padre.

Enquanto ele estava no meio de todas essas mudanças, morreram pessoas muito importantes em sua vida. Ele perdeu a mãe, seu único filho, um dos mais antigos e queridos amigos, e seu protetor Ambrósio. Cheio de tristeza por todas essas perdas, assim como pelos anos gastos antes da conversão, Agostinho descreveu seu estado emocional ao escrever as *Confissões*: "minha alma está em ruínas". Foi Camus que disse: "Entrei na literatura pela reverência". Agostinho deve ter entrado na literatura pela tristeza.

Quando escreveu as *Confissões* em 397, Agostinho era um homem de 43 anos à beira de uma importante transição em sua vida. Ele estava para se tornar bispo. Era uma posição que nunca buscara nem desejara, mas sentia-se obrigado a aceitar. De qualquer maneira, ele queria seu trabalho de administrador da Igreja para incorporar a vitalidade de sua conversão espiritual e não degenerar num outro simples exercício de funcionalidade burocrática.

Agostinho nunca considerou sua conversão completa. Como para ilustrar isso, as *Confissões* não acabam com a história de sua transformação espiritual, nem com seu consequente Batismo. Ele acrescentou mais quatro capítulos, cada um deles retratando um homem em luta para se lembrar de que sua alma estava arraigada em Deus enquanto ele resistia a tempestades diárias de distração, saúde precária e tentações. Até ao escrever os últimos capítulos ele continuou citando uma ladainha detalhada de seus contínuos conflitos com sexo, ambição e uma forma excessiva de cuidado a que ele se referia como "autocomplacência". A pós-conversão de Agostinho não nos forneceu nenhuma imagem de um homem confiante que finalmente sentia-se forte no sentido de ser menos vulnerável.

Ele aceitou a vulnerabilidade como parte natural da vida, entendendo isso como verdadeiro não apenas para ele, mas também para aqueles que estavam sob seus cuidados. O ideal de Agostinho de bem-estar psicológico e espiritual não estava definido por um estado fixo que poderia ser alcançado de uma vez por todas. A saúde psicoespiritual era precária e precisava ser mantida mediante atenção diária à alma, com meditação e oração. Ele continuou a achar tempo e repartir as horas para ocupar-se com a salvação da sua alma. Ele rejeitou todas as noções dualistas sobre ser um pecador ou um santo. Em sua vida de serviço como bispo, ele lutava pela santidade enquanto estava profundamente consciente de suas faltas.

Uma vida de generatividade proporciona significado na meia-idade

As mudanças feitas por Charlie e Agostinho na meia-idade não foram primordialmente motivadas por um desejo de se tornarem mais bem-sucedidos. Mais exatamente, eles estavam enraizados numa necessidade profunda de levar adiante suas escolhas individuais para manter o mundo de modo a ter mais vida e significado. Cada mudança visível expressava um desejo cada vez maior de uma vida preenchida com vitalidade e propósito.

Um benefício fundamental de responsabilizar-se por ser adulto é que algumas das tarefas envolvidas nos dão uma oportunidade de vivenciar o que os psicólogos denominam "eficácia" — que satisfaz o senso de ser produtivo e efetivo. Infelizmente, o caminho para a eficácia é muito frequentemente salpicado de tantas tarefas e deveres que há pouco espaço para a alma. Uma típica resposta à pergunta "Como vai você?" é "Ocupado!". A vida cotidiana tem sido tomada por um tipo de cobiça obrigatória, e a satisfação diminui.

O desequilíbrio entre a participação externa e a reflexão interna finalmente leva a uma redução do significado e da vitalidade. Quando homens na meia-idade descrevem essa condição, eles usam palavras como *confuso*, *inquieto, preso, emocionalmente desconectado* e *embotado*. Erik Erikson deu um nome ao fenômeno de ser absorvido por uma rotina estafante sem ter tempo para si mesmo. Ele chamou isso de "estagnação".

Estagnação é um termo geral que expressa aquela leve mas persistente dor que alguns homens adultos sentem quando são lembrados da presença de sua alma negligenciada. Agostinho sentiu isso na forma de inquietação crônica. Charlie suportou a negação de sentimentos de frustração, a insônia e a fadiga crônica. Na fonte da estagnação dos dois estava o desejo saudável de sua alma de ser reconhecida e participar das responsabilidades de adulto pela manutenção do mundo. Só a alma pode infundir amor e trabalho com vitalidade e significado.

Erikson também tinha uma palavra para o exercício saudável da produtividade na meia-idade. Ele chamou isso de "generatividade". A generatividade começa com a inclusão da alma nas responsabilidades do dia a dia. A raiz etimológica dessa palavra está significativamente ligada a um dos mais profundos impulsos biopsicológicos do homem: o desejo de dar à luz e sustentar a vida. É isso o que é a generatividade na meia-idade.

Em seu livro *Infância e sociedade*, Erikson define a qualidade essencial da generatividade como "fundamentalmente a preocupação relativa a firmar e guiar a nova geração"[2]. Ele continua dizendo que essa responsabilidade se estende para além do respeito por nossa descendência e tem a ver com o aumento de vida para todo aquele que está sob nossos cuidados. Ironicamente, o desenvolvimento psicoespiritual daqui em diante depende da extensão na qual também estabelecemos e guiamos pessoas outras que não nós mesmos. O desafio fundamental de desenvolvimento na meia-idade é transcender nossas próprias necessidades. Erikson posteriormente referiu-se à generatividade como tarefa "central" em toda a vida adulta.

O que Erikson denomina "generatividade" repousa intimamente no coração de quem ele chama de "protetor". A generatividade e o protetor fazem muito mais do que se interessar em aumentar as habilidades funcionais e a socialização que nós, adultos, damos à nova geração como seus pais,

---

2. Erik ERIKSON. *Infância e sociedade*, 2. ed., Rio de Janeiro, Zahar, 1976, 246. (N. da T.)

professores e mentores. A generatividade e o protetor são direcionados para a alma — trazendo a alma para a vida. Assim como cada um de nós cresceu e se desenvolveu sob o olhar significativo dos outros, do mesmo modo agora nosso desenvolvimento continuado exige que forneçamos o mesmo olhar estimulante para a nova geração. A tarefa central do desenvolvimento psicoespiritual na meia-idade é manter o mundo como um protetor.

Escrever as *Confissões* foi um processo terapêutico para Agostinho. Esse exercício preparou-o para ser bispo ao fazer uma ponte entre esse papel como líder da Igreja e a presença estimulante de sua alma. Ele se preparou para assumir esses novos deveres ao suscitar a lembrança de todos aqueles que protegeram sua vida. Como bispo, ele queria que suas palavras tocassem os outros, assim como as de Ambrósio e Simpliciano o haviam tocado. Ele rezava e pedia que pudesse levar adiante seus deveres com compaixão, ao lembrar a paciência e a delicadeza de sua mãe. Ele escrevia para se lembrar de todos os amigos que tinham facilitado sua caminhada interior, de modo que pudesse ajudar os outros quando respondessem ao confuso processo que emergia de suas almas. Ele queria que a herança espiritual da proteção de Deus fluísse no trabalho de suas mãos e gerasse vida em cada parte do mundo que ele tocasse.

As mudanças feitas por Charlie também refletiam essa saudável transição para a meia-idade. Seu novo trabalho como professor surgiu de raízes profundas, produzindo uma continuidade entre sua alma e sua vida externa, e consequentemente gerando vitalidade nos outros. Como uma pessoa que estava sendo ela mesma, ele se tornou sinceramente interessado pelo interior dos outros. Sua presença animava alunos receptivos e enriquecia suas vidas de um modo que ia além do aumento de competência na matéria em questão. O novo senso de vitalidade e de propósito de Charlie podia ser sentido por todos nós, e era contagiante. Seus filhos ficavam ansiosos para vê-lo eles finalmente tinham encontrado o homem que era seu pai.

Quando um homem descobre o "caminho certo" de sua alma e permite-lhe fluir em suas atividades externas, as mudanças externas que ele faz não devem ser tão dramáticas quanto as vividas por Agostinho. Pessoas como Charlie são mais fáceis de encontrar. O que se nota é que simplesmente essa pessoa parece mais viva e mais interessada no mundo a sua volta. Isso é o que Erikson quer dizer com "generatividade" da meia-idade. Não podemos entendê-la simplesmente observando as mudanças no comportamento externo, não importa se grandes ou pequenas. As mudanças essenciais nesse período de desenvolvimento vêm verdadeiramente de dentro. Se quisermos entender o que acontece no desenvolvimento psicoespiritual saudável da meia-idade, teremos de voltar nossa atenção para a vida interior. Como Thomas Merton escreveu quando estava na meia-idade em *My Argument with the Gestapo*: "Se você quer saber quem sou, não me pergunte o que eu como, onde moro ou como penteio meu cabelo. Pergunte-me para o que eu vivo, e pergunte-me em detalhes".

nove

Mantendo um sentido de integridade na última etapa da vida

Como aluno graduado em psicologia, eu me especializei em gerontologia e passei alguns anos fazendo pesquisas para minha dissertação sobre o tema da aposentadoria. Quando comecei, no final da década de 1960, a oportunidade de planejar uma vida pós-trabalho era um fenômeno social muito recente. A liberdade financeira oferecida pela aposentadoria e por pensões, juntamente com os avanços médicos que aumentaram a longevidade, deu aos homens mais anos e os meios para seguir novos interesses. A aposentadoria tornou-se uma marca de desenvolvimento que assinala a abertura de uma fase diferente da vida com seu conjunto único de desafios e oportunidades.

Meu interesse particular por esse vasto campo tem a ver com a compreensão de fatores que promoviam um desenvolvimento psicológico saudável na vida dos homens aposentados. Minha hipótese era que, nesse momento da vida, precisamos do mesmo contexto para crescimento psicológico que foi necessário nas transições de desenvolvimento anteriores. Se nascemos equipados para nos conectar e foi no contexto desses relacionamentos que os estágios iniciais de desenvolvimento ocorreram, por que deveria ser diferente nos anos posteriores?

Nem todo mundo concorda com isso. Uma teoria sobre o desenvolvimento psicossocial adulto chamada "teoria do afastamento" defende justamente o contrário. Segundo a teoria do afastamento, no curso normal da vida, o indivíduo se dissocia da sociedade e a sociedade se dissocia do indivíduo. À medida que as pessoas abandonam o papel que representavam em seus anos de adultos, seu círculo social se estreita. A teoria do afastamento propôs que essas desconexões graduais não são apenas o curso esperado dos acontecimentos, mas também ajudam mais tarde porque elas dão ao indivíduo tempo para rever sua vida à medida que ele se prepara para o último afastamento, a morte.

Minha pesquisa enfocou os três anos seguintes à aposentadoria. Eu estava interessado no nível de satisfação relatada por esses recém-aposentados que estavam vivenciando boa saúde, uma boa renda e um companheiro ainda vivo e bem. Você esperaria que esse seria o grupo mais provável de relatar alta satisfação, e foi. Mas e aqueles que encontraram todas essas condições e ainda se disseram insatisfeitos? Esses homens tinham algo em comum que os tornava diferentes?

Os resultados de meu estudo sugerem que o principal fator associado à frustração entre os aposentados nesse grupo ótimo (saudável, financeiramente seguro e vivendo com o companheiro) era o sentimento de que se sentiam socialmente isolados. Os homens que relataram a maior insatisfação com suas vidas eram aqueles cujo envolvimento social era insuficiente para conectá-los com a comunidade como um todo. Em outras palavras, era o contínuo contato social, e não o afastamento dele, que promovia o bem-estar nos homens no período imediatamente posterior à sua aposentadoria.

Há dois estágios nesse processo de pós-aposentadoria. O primeiro acontece imediatamente após a saída do trabalho, que é o tempo enfocado em minha pesquisa. O segundo acontece aproximadamente três anos após a aposentadoria. Nós nos beneficiamos do contato com a comunidade durante as duas etapas, mas de formas diferentes e por diferentes razões.

O primeiro estágio é geralmente bastante ativo. É um período inicial de ajuste que dura aproximadamente três anos. Durante essa transição, a maioria dos homens tenta várias atividades de lazer, viagem, voluntariado, um emprego de meio período ou até continuar a trabalhar na mesma área ou em área totalmente nova. Se essa experiência levar à descoberta de atividades significativas e prazerosas, encontra-se um ritmo confortável, a ansiedade diminui e é relatada uma satisfação crescente. A fase de transição é então completamente realizada.

Do ponto de vista do desenvolvimento, esse período de transição tem algumas coisas em comum com a fase adulta inicial. Quando abandonamos nossos papéis funcionais no objetivo final da comunidade, podemos esperar encontrar algumas das mesmas questões sobre amor e trabalho que enfrentamos em nossos 20 anos. O que podemos fazer para promover um sentimento de eficácia e utilidade na comunidade? Como podemos fazer conexões sociais que sustentarão nosso sentido de identidade e pertença?

Uma vez mais, fazemos essa transição por nós mesmos, mediante tentativa e erro. Isso requer paciência da pessoa que está passando por isso e o apoio da família e de amigos que veem isso acontecer. A boa notícia é que, depois que esse período de transição passa e um senso de equilíbrio é restabelecido, a maioria dos homens realmente relata melhoras em sua saúde e felicidade.

Assim como precisamos da ligação com protetores na comunidade para estabelecer nosso lugar original no mundo adulto, precisamos desses mesmos relacionamentos vitais à medida que nos restabelecemos no mundo pós-trabalho. Uma ruptura normalizadora pode inadvertidamente endossar o tipo de estereótipo ligado à idade que por muito tempo marginalizou os adultos ao deixarem a força de trabalho. Não devemos presumir que abandonar papéis reflita um desejo de estar menos envolvido. Muitos homens aposentados querem continuar contribuindo com a comunidade de algum modo e precisam de oportunidades para fazer isso. As conexões de apoio oferecidas pelos protetores são importantes não apenas para esse período de transição, mas também para o estágio seguinte de desenvolvimento.

Depois que se restabelece um ritmo pós-aposentadoria confortável, um segundo processo de desenvolvimento começa a emergir da estabilidade. Este próximo estágio é menos visível e se manifesta de formas mais sutis. É caracterizado por um interesse renovado no passado e evidencia-se na lembrança de acontecimentos anteriores, que podem ser divididos em histórias. Embora esse processo saudável tenha um enfoque mais interior, os relacionamentos com os outros não são menos importantes para ele se desenvolver. As relações correntes na comunidade, assim como as que se estabeleceram no passado, são fundamentais para o desenvolvimento da fase seguinte do crescimento psicoespiritual.

Mantendo a integridade: o desafio dos nossos anos de maturidade

Erik Erikson referiu-se ao processo de desenvolvimento associado com idade adulta madura como o tempo de "amadurecer o fruto". No capítulo sete de *Infância e sociedade*, ele ligou essa etapa às anteriores por meio do tema básico da generatividade: "Só naquele que de alguma forma tem cuidado de coisas e pessoas e tem se adaptado aos triunfos e desilusões inerentes à sua condição de criador de outros e gerador de produtos e ideias, somente nele pode amadurecer o fruto dessas sete etapas". Esse amadurecimento é descrito como "sem definição clara" "e não importa o que [...] tenha custado". Ele surge de uma predisposição para a ordem e para a expressão. Em última instância, ele é provocado por um desejo de encarar nossa morte com a certeza de que vivemos nossa vida com alguma integridade.

Esse amadurecimento associado com o desenvolvimento adulto maduro não é um processo passivo. Ele requer uma estimulação mediante reflexão honesta. Assim como Erikson usou termos como ***manutenção do mundo*** para descrever os desafios encontrados no desenvolvimento adulto, ele escolheu igualmente palavras vívidas para definir tarefas associadas ao desenvolvimento adulto maduro. Ele disse ser importante a criação de uma "ordem do mundo". Aconselhou-nos a rever nosso passado com atenção para criar uma narrativa coerente que dê certa ordem e sentido à nossa vida: "É a aceitação do próprio e único ciclo da vida como alguma coisa que tinha de ser e que, necessariamente, não admitia substituição...". Erikson explicitamente reconheceu que a tarefa de criar uma ordem do aparente acaso tem significado tanto psicológico como espiritual.

As pessoas comprometem-se nesse processo de várias maneiras. Conheço uma pessoa que ajuda os adultos mais velhos a elaborar uma narrativa formal de sua própria história. Ela usa livremente uma entrevista estruturada, ouve as experiências que surgem e então ajuda a pessoa a organizar esses acontecimentos passados em histórias coerentes que chegam a parecer uma biografia. O produto final torna-se um registro significativo que também pode ser transmitido a familiares e amigos. Outros preferem dividir seu passado por meio de cartas, agendas, livros de recortes ou álbum de fotos. Alguns se empenham numa reflexão séria sobre suas vidas, sozinhos ou num grupo que tenha o mesmo objetivo. Outros ainda contam abertamente suas histórias em diálogos com um amigo de confiança, um diretor espiritual ou um terapeuta. Aqueles que vi na psicoterapia inicialmente chegam com um problema urgente. Após ele ser resolvido, alguns ficam para fazer uma revisão mais extensa de seu passado.

Um cliente meu, um comerciante aposentado de 70 anos chamado John, procurou ajuda depois de um diagnóstico de câncer no pulmão, que agora está em remissão. Ele continuou em terapia porque a doença fez que ele olhasse mais atentamente para sua vida. Durante uma sessão, ele me contou sobre uma prática espiritual diária que ele mantinha havia muitos anos. Ele disse iniciar todo dia com cerca de dez minutos de oração, começando com a saudação: "Toda honra a Deus, que nos deu a Vida". Ele então lê um salmo e fica uns minutos refletindo sobre uma palavra ou uma frase que lhe chamou a atenção. No final dessa meditação, John chama à memória os nomes e as imagens de onze pessoas que passaram por sua vida ao longo dos anos oferecendo seu cuidado e seu apoio. Ele vagarosamente traz à mente os rostos de seu pai, sua filha, seu velho amigo, sua mulher, um padre que ele encontrou no colégio, dois amigos de agora e outros mais. Quatro dessas pessoas morreram anos atrás e outras ele não vê há muitos anos.

Esse exercício diário ilustra o papel interno dos protetores na autorreflexão individual. John começa colocando-se na presença de Deus, explicitamente reconhecendo as origens definitivas de sua vida. Ele então medita um salmo como um modo de conectar sua alma com a presença de Deus.

Finalmente, procura se reconectar com a vitalidade que ele sustentou ao longo dos anos ao relembrar o olhar das pessoas que deram boas-vindas à sua alma no mundo. Mesmo que algumas delas não estejam presentes, elas continuam a funcionar como uma parte viável da comunidade que o sustenta. Lembrar delas em seu coração permite-lhe novamente congregar a força e o cuidado dessas pessoas para que possa encarar o novo dia.

John é um bom exemplo de nossa crescente confiança em nossos recursos internos à medida que envelhecemos e perdemos os papéis funcionais e os relacionamentos importantes que antes nos serviam de apoio. A comunidade que nos dá apoio na maturidade é uma mistura de pessoas internas e externas, do presente e do passado. Tanto faz se estamos procurando força para encarar o outro dia ou começando a rever mais profundamente nossa vida; como Erikson afirmou, numa retrospectiva mais completa de nossa vida, lembrar dessas pessoas ajuda a reconhecer que até diante de perdas profundas ainda não estamos completamente sozinhos. Nossa vitalidade e nossa honestidade são intensificadas quando reconhecemos as origens definitivas de nossa vida e reconhecemos nossa contínua dependência da comunidade que a protegeu, estejam seus membros presentes ou na memória.

A identificação dos protetores também é uma das melhores maneiras de começar a criar alguma ordem no mundo dentro de uma vida aparentemente caótica. Quais foram as pessoas cuja presença trouxe-me à vida e me deu boas-vindas na comunidade? Esses foram e são meus "pais" — as "mães" e "pais" que estavam lá no início e continuam comigo de alguma forma hoje. Eles merecem gratidão e, se for preciso fazer as pazes com alguns deles, esforços para a reconciliação.

A autorreflexão produtiva ocorre sob o olhar dessas testemunhas compassivas, que nos lembram das fontes originais da testemunha que busca a verdade — não a crítica — dentro de nós mesmos. Elas também serão os pontos principais em torno dos quais podemos começar a organizar nossas experiências do passado. Quando nos recordamos delas, então surgem os acontecimentos e sentimentos associados com sua presença. Essas lembranças evocam as origens de nossa vitalidade e podem ser elaboradas em histórias que contam o desenvolvimento progressivo de nossa vida.

Nós também, por nossa vez, podemos servir como protetores para pessoas envolvidas nesse processo de desenvolvimento. Fazemos isso ativamente ao encorajá-las a nos falar sobre sua vida, e então reflexivamente ouvir as histórias que emergirem. Às vezes fazer perguntas ajuda a estimular as lembranças ou revela significados latentes na narrativa. Outro cliente meu mais velho compartilhou comigo uma lista de perguntas que alguém lhe dera num retiro: Por quem você foi amado na sua vida? Que experiências você acalentou? Que ideias lhe trouxeram libertação? Que convicções você teve? Que discernimentos você teve de Deus, do mundo, do ser humano, do amor, da religião, da oração? Que riscos você enfrentou? Quais os sofrimentos por que passou? Que pessoas moldaram sua vida? Os acontecimentos? Que textos das Escrituras iluminaram seu caminho? Quais foram suas conquistas? Quais seus desapontamentos e desejos frustrados? Que pessoas têm um lugar sagrado em seu coração?

Quando você considera essas questões, elas não trazem à luz respostas, mas estimulam o que é, esperançosamente, um estilo familiar de autoquestionamento. O objetivo desse tipo de reflexão, no entanto, é diferente para os adultos mais velhos. Na meia-idade, a vida foi geralmente examinada com o propósito de resolver problemas imediatos ou ajustar o curso dos compromissos amorosos ou de trabalho para melhor seguir a orientação da alma. É mais provável que adultos mais velhos explorem a história de seu passado para acertar as contas e encontrar significados mais definitivos. Erikson diz que, conforme envelhecemos, nossa autorreflexão se torna mais focada em quão bem "temos cuidado das coisas e pessoas...". Nossa autoestima dependerá de como seremos capazes de responder a essa pergunta.

No fim, a identificação de nossos protetores e as questões sobre nosso passado que avaliamos sob o olhar deles provavelmente não levarão a uma simples determinação de quanto dinheiro fizemos ou quanto poder alcançamos. As questões verdadeiramente definitivas sobre nossa manutenção do mundo são mais fundamentais do que assuntos de acumulação financeira ou conquistas funcionais. Elas nos levam às raízes de nossa linhagem psicológica e espiritual. Essas questões têm a ver com pessoas e com encontrar um sentido para nossa vida que apenas a alma pode proporcionar.

Quão bem eu dotei a geração futura da herança afirmadora da vida que recebi daqueles que foram protetores para mim? Em que medida transmiti a vida que eu recebi? Nos termos de Erikson, fui generativo?

Generatividade — o cuidado da vida em nós e nos outros — é o sinal exterior de desenvolvimento psicológico saudável e de maturidade espiritual verdadeira. O que o protetor faz é a expressão ativa dessa energia generativa. O ato mesmo de ser um protetor adianta o processo de crescimento tanto para aquele que dá como para aquele que recebe. A proteção é o modo como os homens expressam seu desejo inato de trazer à luz e sustentar a vida.

A Fonte criativa dessa vida generativa pode ser encontrada nas profundezas da alma. A alma é o lugar em que a psicologia e a espiritualidade encontram um chão comum. Agostinho acreditava que, se ouvirmos com atenção, ouviremos sua inquietação primitiva. "[...] inquieto está o nosso coração[1] enquanto não repousa em ti [Deus]", ele disse. Ela está tão fundamentalmente enraizada no Nível do Ser que quaisquer diferenças aparentes entre a vida espiritual e psicológica por fim tornam-se artificiais e irrelevantes. A presença que expressamos e tocamos em nossos esforços de proteger a vida dos outros é, em última instância, a Presença compassiva que dá vida a cada alma. A orientação e o significado que procuramos para sustentar uma vida de propósito e esperança surgem, definitivamente, da Verdade que se desenvolve nas profundezas da alma. Um escritor espiritual, um monge espanhol chamado João da Cruz, escreveu sobre a confiança completa que ele depositou em sua alma para ver e seguir a Luz que guiou o caminho de sua própria caminhada espiritual: "Caminhei sem ver e sem outra Luz além da que em meu coração ardia".

Que isso seja verdadeiro para cada um de nós, e que possamos honrar aquela vida achando tempo e repartindo as horas para ocupar-nos com a salvação da nossa alma.

---

1. A palavra coração aqui tem sentido de âmago, a parte mais profunda, a alma. (N. da T.)

bibliografia comentada

Os livros a seguir estão entre os citados e usados aqui.

AGOSTINHO. *The Confessions*. Trad. R. S. Coffin. Baltimore, Penguin Books, 1961. — É a mesma edição que li pela primeira vez e é citada aqui.

BUBER, Martin. *I and Thou*. Trad. Ronald Smith. New York, Charles Scribner's Sons, 1958. — Trata-se de uma declaração eloquente do terreno comum ocupado pela psicologia e pela religião.

ERIKSON, Erik. *Childhood and Society*. New York, Norton & Company, 1963 — Este clássico sobre desenvolvimento deu a estrutura para minhas ideias.

———. *Insight and Responsibility*. New York, Norton & Company, 1964. — A nota de rodapé de Kathleen Stewart na página 198 guiou minha vida profissional.

JAMES, William. *The Varieties of Religious Experience*. New York, New American Library, 1958. — É o clássico de psicologia e religião de 1902.

MENNINGER, Karl. *Whatever Became of Sin?* New York, Bantam Books, 1979. — A consciência é descrita em termos psicológicos e espirituais.

MERTON, Thomas. *My Argument with the Gestapo*. Garden City (NY), Doubleday, 1969. — Merton liga os mundos psicológico e espiritual.

———. *The Collected Poems of Thomas Merton*. New York, New Directions, 1977. — Trata-se de uma excelente antologia de seus versos inspiradores.

RILKE, Rainer Maria. *Selected Poems*. Trad. Robert Bly. New York, Harper & Row, 1981. — Sua poesia descreve a luta pela autenticidade psicoespiritual.

ROGERS, Carl. *On Becoming a Person*. Boston, Houghton Mifflin, 1961. — Os estágios de consciência psicológica segundo Rogers são descritos no capítulo 7.

TILLICH, Paul. *Dynamics of Faith*. New York, Harper Torchbooks, 1957. — Tillich escreveu em termos compatíveis com a psicologia e a teologia.

Este livro foi composto nas famílias tipográficas
Cantoria e *Serif Gothic*
e impresso em papel *Offset 75g/m²*

Edições Loyola

editoração impressão acabamento

rua 1822 nº 347
04216-000 são paulo sp
T 55 11 2914 1922
F 55 11 2063 4275
www.loyola.com.br